ÉTUDE

SUR LES

HOPITAUX-BARAQUES

IMPRIMERIE L. TOINON ET Cᵉ, A SAINT-GERMAIN

ÉTUDE

SUR LES

HOPITAUX-BARAQUES

PAR

F. JÆGER

ARCHITECTE, CHARGÉ DE LA CONSTRUCTION DES BARAQUEMENTS D'AMBULANCE DU LUXEMBOURG
ET DU JARDIN DES PLANTES, PENDANT LE SIÉGE DE PARIS (1870-71)

ET

E. SABOURAUD, architecte

PRÉCÉDÉE DE

CONSIDÉRATIONS

SUR L'UTILITÉ ET LES AVANTAGES QU'ILS PRÉSENTENT
AU POINT DE VUE HYGIÉNIQUE

PAR

Le Dr ANGEL MARVAUD

PROFESSEUR AGRÉGÉ A L'ÉCOLE DE MÉDECINE MILITAIRE DU VAL-DE-GRACE
MÉDECIN-MAJOR, CHEVALIER DE LA LÉGION D'HONNEUR, ETC.

PARIS

DUCHER ET Cie, ÉDITEURS

6, RUE DE LA SORBONNE, 6

1872

INTRODUCTION

CONSIDÉRATIONS

SUR L'UTILITÉ ET LES AVANTAGES QUE PRÉSENTENT LES HOPITAUX–BARAQUES
AU POINT DE VUE HYGIÉNIQUE

PAR

Le Dʳ ANGEL MARVAUD

PROFESSEUR AGRÉGÉ A L'ÉCOLE DE MÉDECINE DU VAL-DE-GRACE.

S'il est un point qui puisse nous consoler au milieu du spec-
tacle sanglant des guerres meurtrières qui sont venues attrister
ces dernières années et dont chacune a été signalée par des
perfectionnements dans les moyens de destruction dont l'humanité dispose, c'est assurément le progrès inattendu qui,
grâce à des conceptions grandioses, poursuivies avec ardeur et
persévérance par des hommes éminents, au milieu des besoins
nombreux d'une armée en campagne et des exigences impré-
vues du champ de bataille, a été réalisé dans ces derniers
temps par deux sciences importantes, appliquées l'une et
l'autre au soulagement et au bien-être de l'humanité, la chirurgie et l'hygiène.

Nous n'insisterons pas sur l'influence qu'a eue certainement le
traitement des blessures de guerre, sur les travaux et les décou-
vertes des grands chirurgiens de notre époque ; contentons-nous
de citer les noms de Percy, Larrey, Malgaigne, Sédillot, dont
le talent s'est révélé tout d'abord au milieu des camps et des
combats.

Quant à l'hygiène, elle doit beaucoup à la médecine des armées. Les expéditions militaires tentées vers des pays lointains,
comme les dernières campagnes européennes, lui ont été pro-
fitables ; et l'on peut dire, sans crainte d'être contesté par per-

sonne, que le plus grand hygiéniste des temps modernes était un médecin militaire.

C'est aux mesures hygiéniques prises il y a bientôt vingt ans, pour préserver et secourir une grande armée en proie aux maladies les plus épouvantables et aux épidémies les plus meurtrières, que nous devons certainement les idées nouvelles qui tendent aujourd'hui, plus qu'à toute autre époque, à prévaloir dans la construction et dans l'installation de nos hôpitaux.

Sans la guerre de Crimée, bien des points de l'hygiène hospitalière resteraient sans doute inaperçus et ignorés ; et dans les efforts continuels que fait la génération médicale actuelle pour la transformation complète et pour la réorganisation nouvelle des hospices et des hôpitaux, elle accordera certainement au savant et regretté médecin-inspecteur de l'armée d'Orient, à Michel Lévy, l'honneur d'avoir le premier appelé l'attention des praticiens et des administrateurs sur la nécessité d'une réforme radicale dans la disposition de nos établissements hospitaliers.

En face d'une armée surprise et décimée par le choléra, le scorbut et le typhus, au milieu des nombreux malades qui encombraient déjà les ambulances et les hôpitaux, grâce aux prescriptions incessantes et réitérées de l'illustre hygiéniste du Val-de-Grâce, fut décidée en 1854, pendant la guerre de Crimée, la construction d'un ensemble de baraquements, qui, au bout de quelques semaines, s'élevèrent dans l'enceinte sacrée du Vieux-Sérail, à la pointe de la Corne-d'Or, et où furent traités 1,200 et bientôt 1,800 malades.

Grâce à ces mesures nouvelles, considérées alors par ceux qui les exécutaient plutôt comme nécessitées par l'insuffisance d'abris hospitaliers que comme destinées à restreindre les progrès de l'épidémie et à diminuer le nombre des victimes, le choléra et le typhus furent efficacement et énergiquement combattus et arrêtés dans leur extension.

Ces heureux résultats ont déterminé dans l'hygiène hospitalière une véritable révolution, qui partie de la France, où des discussions intéressantes au sein des sociétés scientifiques firent connaître vite l'opinion unanime du monde savant sur la nécessité de réorganisation de nos hôpitaux, s'étendit quelques années après dans le Nouveau-Monde et fut acceptée par les principales nations européennes.

Au mois de mai 1861, quand éclata subitement la guerre de la sécession, les États-Unis, privés d'armée permanente, dépourvus d'hôpitaux comme de casernes, n'oublièrent pas les avantages signalés dans les hôpitaux-baraques de l'armée d'Orient (1).

Outre les divers baraquements qui furent destinés à loger les nombreux citoyens appelés sous les armes, on vit s'élever sur le territoire américain, en dehors des villes, dans le voisinage des principales lignes de chemin de fer, un ensemble d'hôpitaux nouveaux, construits à la hâte, formés de planches grossières, ne présentant qu'un étage, mais disposés sous forme de pavillons, parfaitement isolés les uns des autres, pourvus d'une aération complète, munis au bout de peu de temps de tout le confortable nécessaire au bien-être et à la guérison des malades et des blessés.

Ces *hôpitaux-baraques*, improvisés pour la durée des hostilités et considérés tout d'abord comme temporaires, donnèrent, au point de vue de leur commodité et de leur salubrité, des résultats tels, qu'une fois la guerre terminée, il fut décidé qu'on perfectionnerait ces hôpitaux de guerre, pour en faire de véritables hôpitaux-permanents destinés à servir également en temps de paix.

Telle a été l'origine des grands hôpitaux de Lincoln, Hammond, Jefferson, Mower, etc., dont la construction et l'installation, conformes aux principes les plus rigoureux de l'hygiène hospitalière, ont dû fixer l'attention des diverses nations européennes.

En France, le corps médical ne resta pas indifférent aux réformes hospitalières qui se faisaient dans le Nouveau-Monde; des études intéressantes, et auxquelles prit part l'élite des praticiens de la capitale, mirent en pleine lumière l'utilité

(1) Vigo-Roussillon. *Puissance militaire des États-Unis d'après la guerre de la sécession.* Paris, 1866.

des hôpitaux temporaires et la nécessité de l'aération et de la dissémination des malades et des blessés (1).

Malheureusement, l'avis des hygiénistes et des hommes de science ne put prévaloir en face de la torpeur de la routine administrative, et des décisions arbitraires mais souveraines d'un pouvoir absolu.

Malgré les essais d'hôpitaux sous tentes et sous baraques qui furent faits à cette époque dans quelques hôpitaux de Paris (Saint-Louis, Cochin, Saint-Antoine) et dont les résultats, constatés par les praticiens les plus distingués, furent unanimement déclarés très-satisfaisants, l'autorité se montra insensible aux prescriptions scientifiques, et l'on vit bientôt s'élever un nouvel hôpital, l'Hôtel-Dieu, dont les frais de construction s'élevaient dès 1870 à 37,900,000 francs et dont chaque lit devait revenir à 52,000 francs (2).

L'Allemagne ne devait pas suivre notre exemple. En 1867, l'administration prussienne confia au docteur Esse le soin de faire élever deux baraquements américains, l'un comme succursale de l'hospice de la Charité de Berlin, l'autre à l'hôpital Augusta. Toutes ces baraques fonctionnent depuis quelques années et les médecins allemands sont unanimes pour attester la supériorité de ces nouveaux hôpitaux sur les établissements anciens, consacrés au traitement des malades et des blessés (3).

Aussi, dès qu'éclata entre la Prusse et la France la fatale guerre de 1870, alors que l'intendance française tentait d'organiser à grand'peine les différents services hospitaliers placés sous sa direction et comptait beaucoup sur les sociétés de secours aux blessés, pleines de bonne volonté et de dévouement, mais surprises à la hâte, étrangères à l'armée, appelées à des fonctions inconnues pour elles, notre cruelle ennemie dirigeait sur nous, à la suite de ses armées, des ambulances

(1) *Mémoires de la Société de chirurgie. Discussion sur l'hygiène et la salubrité des hôpitaux.* Paris, 1865.
(2) *Les Hôpitaux à Paris,* par Maxime Ducamp, *Revue des Deux-Mondes,* tome XXIV, p. 544.
(3) Voyez : Esmarch. *Verbandplatz und Feldlazareth.* Berlin, 1871.

toutes prêtes, bien pourvues, bien dirigées, dépendant toutes de l'autorité militaire, en même temps que de nombreux hôpitaux sous baraques et sous tentes s'élevaient dans le voisinage des principales villes et sur divers points du territoire allemand.

Aussi, les hostilités commencèrent avant que le service de nos ambulances fût organisé ; et les combats de Wissembourg et de Frœschwiller se livrèrent alors que le personnel réglementaire de chirurgiens et d'infirmiers n'était pas complet, dans les divers corps d'armée entrés en campagne.

Quand l'ennemi eut envahi notre territoire, on songea pourtant à installer un immense hôpital sous forme de baraquements, à quelques kilomètres de Meaux, sur un vaste terrain sablonneux, bien pourvu d'eau, voisin du chemin de fer, et vers lequel pourraient être dirigées de nombreuses évacuations de malades et de blessés (1).

Mais ces projets, conçus à la hâte, durent être abandonnés quand on vit les armées ennemies s'avancer rapidement sur le sol de notre patrie et menacer la capitale.

A Metz, bientôt investie par les Prussiens, s'élevait dès le mois d'août un immense hôpital, situé sur l'emplacement du polygone d'artillerie, dans l'île Chambière, entre deux bras de la Moselle ; il était constitué par un ensemble de baraquements comprenant 30 pavillons et destinés à 1,500 malades ou blessés (2).

Quelques semaines après, dans la capitale assiégée et dont les hôpitaux devaient être bientôt insuffisants ou infectés, s'élevèrent de nombreuses ambulances temporaires, quelques-unes sous forme de tentes, un grand nombre sous forme de baraquements (ambulances du jardin du Luxembourg, jardin des Plantes, Courcelles, etc.) dont la construction fut entreprise soit par l'intendance militaire, soit par les nombreuses

---

(1) Michel-Lévy. *Note sur les hôpitaux-baraques du Luxembourg et du Jardin des Plantes. Ann. d'hygiène et de méd. légale*, 2ᵉ série, 1871. T. XXXV.

(2) Demoget et Brossard. *Étude sur la construction des ambulances temporaires sous forme de baraquements.* Paris, 1871.

sociétés françaises et étrangères fondées pour secourir les malades et les blessés.

C'est sous la précieuse impulsion de M. Michel Lévy que l'auteur de ce livre, M. Jæger, architecte, « instruit, judicieux, au courant de ce qui s'est fait en Amérique (1), » a été chargé de la construction et de l'installation des baraquements du jardin du Luxembourg et du jardin des Plantes ; ceux-ci ont servi de modèle aux autres ambulances sous baraque.

Nous n'avons pas besoin de nous étendre ici sur les dispositions qui ont été prises alors dans le but d'appliquer à ces deux ambulances-modèles, les principes hygiéniques recommandés par le savant directeur du Val-de-Grâce, pour la construction des hôpitaux-baraques destinés aux armées ; disons seulement, comme l'a constaté l'éminent hygiéniste, que toutes les installations y ont été faites dans un esprit de progrès.

Dès que la guerre fut terminée, désireux d'étudier à fond cette importante question des hôpitaux temporaires ou improvisés, muni des recommandations officielles du gouvernement suisse, M. Jæger s'empressa de se rendre en Allemagne, pour y visiter les nombreuses ambulances élevées pendant les hostilités de 1870-71, et qui étaient encore toutes en pleine activité de service.

Les notes qu'il a rapportées de son voyage scientifique sont nombreuses et intéressantes ; il a bien voulu mettre sous nos yeux les plans des principaux établissements hospitaliers qu'il a visités et nous nous sommes malheureusement convaincu que dans la dernière campagne, l'Allemagne ne nous avait pas été supérieure seulement par la longue portée de ses canons Krupp et de sa formidable artillerie, mais encore par la merveilleuse installation de ses ambulances et de ses hôpitaux.

A Berlin, M. Jæger a visité successivement la grande ambulance de Tempelhof, pouvant contenir 1,500 blessés, et les nouveaux pavillons de l'hôpital municipal de Friedrichshain ; deux établissements dirigés par le professeur Virchow, qui

(1) Michel Lévy. *Loc. cit.*

a bien voulu lui montrer lui-même les locaux et les divers services ; puis *l'hôpital de la Charité* et *l'hôpital Augusta*, dont il a étudié les pavillons, en compagnie du conseiller Esse, le créateur de la *baraque permanente.*

A Leipzig, à Dresde, il a pu examiner, dans tous leurs détails, les pavillons perfectionnés élevés par la municipalité, dans le but d'appliquer à l'hôpital permanent les principes de baraquements préconisés pendant la guerre.

Enfin, les ambulances militaires et les hôpitaux baraqués de Francfort, de Cologne, de Carslruhe, lui ont présenté des types variés d'hôpitaux temporaires. Un savant médecin de Francfort, le docteur Friedleben, a bien voulu mettre à la disposition du jeune architecte suisse la collection complète des plans de tous les baraquements construits, tant par les nations belligérantes que par les sociétés de secours étrangères (américaines, belges, anglaises, autrichiennes), pendant les hostilités de 1870-1871.

En même temps, M. Jæger n'a pas négligé l'étude des publications allemandes, au courant desquelles il s'est tenu constamment, pendant son voyage en Allemagne comme pendant son séjour à Paris.

Aujourd'hui, dans le travail qu'il présente au public scientifique, l'habile architecte n'a point la prétention de publier les nombreux matériaux, qu'il a dû réunir nécessairement dans ses études persévérantes et dans ses travaux de ces dernières années, sur la construction des divers systèmes hospitaliers, employés par les nations européennes.

Partisan convaincu des constructions hospitalières, temporaires ou permanentes, sous forme de baraquements, tout en insistant sur les avantages que présente ce nouveau système, au double point de vue de l'hygiène et de l'économie, il désire seulement indiquer ici les principales conclusions qu'il croit devoir tirer de ses observations et de ses expériences sur cette importante question, qui intéresse si directement les administrateurs et les savants.

Nous ne pouvons pas étudier en détail les nombreuses innovations que préconise M. Jæger, dans son travail sur les hôpitaux-baraques; la lecture de cet ouvrage est indispensable pour quiconque est attentif à toutes les réformes qui intéressent l'hygiène hospitalière.

Nous voulons seulement insister ici sur les principes fondamentaux que l'auteur a pris pour guides dans le système qu'il propose pour l'installation des hôpitaux. Nous sommes si habitué à voir les ingénieurs ou les architectes, dans les constructions des monuments et des édifices, se préoccuper uniquement des questions de magnificence et d'économie, que nous ne pouvons que féliciter sincèrement M. Jæger de n'avoir négligé aucun soin ni aucune mesure pour satisfaire aux règles de l'hygiène et aux exigences de la science.

D'abord l'aération des bâtiments hospitaliers a pour lui une importance capitale; *l'air pur* à donner aux malades est sa principale et sa constante préoccupation.

Aussi, repousse-t-il avec raison tous les anciens hôpitaux construits sous forme d'édifices, destinés à être permanents; « toujours encombrés quoi qu'on fasse, toujours mal aérés quoi qu'on prescrive, toujours infectés à la longue dans leurs planchers, dans leurs cloisons, dans leur mobilier, dans leurs coins et recoins » (Michel Lévy) (1).

Il attache la plus grande importance aux *matières organiques*, *virulentes* ou *miasmatiques*, contenues dans l'atmosphère des salles de malades, s'attachant aux murailles et aux plafonds, pénétrant à travers les fentes, dans les interstices des planchers, des cloisons, des murs, déterminant en peu de temps une infection permanente, à la suite de laquelle sévissent cruellement les épidémies les plus meurtrières sur les malades et sur les blessés, et dont la présence a été bien mise en lumière par les récents travaux et les observations intéressantes d'hygiénistes distingués (F. Leblanc (2), A. Becquerel (3), Michel Lévy (4), etc.).

(1) *Mémoire sur les hôpitaux militaires en temps de paix et en campagne*, lu à l'Académie de médecine.

(2) *Recherches sur la composition de l'air confiné. Journal de pharmacie et de chimie*, 1843. 3e série, t. V.

(3) A. Becquerel, *Traité d'hygiène publique et privée*. Paris, 1851, p. 154.

(4) Michel Lévy. *Traité d'hygiène publique et privée*. 5e éd. Paris, 1869.

Quoi de plus naturel, en effet, que l'insalubrité habituelle aux grand hôpitaux, même les mieux construits, les mieux installés, les mieux pourvus d'une ventilation puissante et complète, quand l'analyse chimique et l'observation microscopique y font découvrir, au bout de peu de temps, dans les poussières recueillies par l'époussetage des murs, jusqu'à 46 p. 100 de matières organiques ! (Réveil.)

Aussi ne doit-on pas s'étonner du soin minutieux et de la sollicitude constante avec lesquels M. Jæger s'efforce de débarrasser les salles de toutes les matières organiques qui proviennent des exhalations et des sécrétions des malades.

Certes, il a bien raison quand il ne voit plus dans le corps médical que deux opinions prédominantes au point de vue de l'adoption de tel ou tel système hospitalier : *l'opinion radicale* et *l'opinion conservatrice*.

Les partisans de la première opinion, parmi lesquels nous nous rangeons volontiers, demandent la suppression complète et rapide des hôpitaux permanents, tels que nous les voyons installés principalement dans les grandes villes, où ils manifestent trop souvent leur présence par un chiffre plus élevé dans la mortalité générale, et qui constituent de véritables repaires où s'accumulent et s'amoncellent les principes infectieux, où s'exalte la contagion, d'où rayonnent les épidémies vers les quartiers voisins. Tels sont ces hôpitaux *à sépulcres* qui doivent être, selon nous, remplacés le plus tôt possible par des hôpitaux temporaires, c'est-à-dire destinés à être occupés pendant un temps limité, au bout duquel ils doivent être détruits ou brûlés.

C'est le système qui a été adopté en Amérique, où la plupart des établissements hospitaliers ne servent que pendant une quinzaine d'années ; alors on y met le feu et on brûle ainsi la contagion.

Les partisans de l'opinion conservatrice, tout en reconnaissant la supériorité au point de vue hygiénique des hôpitaux temporaires sur les hôpitaux permanents, croient pourtant devoir tenir compte de certaines questions de convenance, d'ordre et d'économie pour maintenir les hôpitaux permanents ; mais à la condition que ceux-ci soient faciles à aérer, à désinfecter, grâce à leur construction, copie de la baraque.

C'est ce système qui a prévalu en Allemagne, si nous nous en rapportons aux hôpitaux en construction massive élevés récemment, dans plusieurs villes, sur le type des baraques de la Charité de Berlin. Dans les pavillons proposés par M. Jæger, les bâtiments sont disposés en outre de façon à pouvoir être débarrassés facilement des parties sujettes à l'infection, et cela sans déranger les parties essentielles qui sont insensibles à cette influence. De plus, on peut mettre facilement à découvert leurs parties principales quand on veut y effectuer à certains moments une désinfection énergique et efficace.

Tels sont les types que M. Jæger a eus spécialement en vue dans son intéressant travail sur les hôpitaux-baraques, et qu'il décrit avec soin, l'un sous le nom de *baraque temporaire*, ou de *baraque de guerre* ou *d'épidémie*, l'autre sous le nom de *baraque permanente*, destinée à remplacer nos hôpitaux actuels.

Au point de vue de l'aération des salles et de la quantité d'air à accorder à chaque malade, il a raison, selon nous, de ne pas s'attacher à telle ou telle allocation (dont la fixation n'est pas encore déterminée scientifiquement), et de chercher avant tout à procurer la plus grande quantité d'air pur possible aux malades et aux blessés.

Comme on peut le voir, il n'est pas de mesure qu'il néglige pour arriver à ce résultat : espacement des pavillons, aération extérieure et assurée sur toutes leurs faces, établissement de nombreuses fenêtres, moyens de ventilation intérieure naturelle et artificielle, etc.

En outre, comme l'air pur existe surtout dans l'atmosphère libre et non confinée, comme le meilleur moyen de fournir aux malades les gaz utiles et nécessaires à la vie c'est de les exposer au grand air, il recommande l'installation de deux galeries, larges *verandah*, situées de chaque côté de la baraque, communiquant avec les salles par des portes-fenêtres, et sous lesquelles les malades peuvent être mis au grand air chaque fois que le temps le permet.

La question d'orientation des pavillons est subordonnée à l'utilité de ces galeries ; bien que la plupart des hygiénistes conseillent de disposer l'axe des bâtiments dans la direction du nord au sud pour nos climats tempérés, de façon à permettre aux rayons du soleil de chauffer successivement les parois latérales, nous ne pouvons qu'approuver la préférence de M. Jæger pour l'orientation de l'est à l'ouest. Elle offre en effet un grand avantage sur la précédente, c'est de permettre l'exposition des malades au grand air pendant la majeure partie de l'année : au printemps et en automne, dans la galerie tournée vers le midi ; en été, dans la galerie opposée, faisant face au nord et par conséquent à l'abri des rayons du soleil.

Que les baraques soient temporaires ou permanentes, aucun moyen, avons-nous dit, n'est négligé pour en amener la complète désinfection.

Les premières, destinées à être employées pendant la durée d'une guerre ou d'une épidémie, c'est-à-dire pendant 1 an ou 18 mois, sont disposées de façon à pouvoir être complétement démontées ; les principales pièces, isolées les unes des autres, sont soumises à des lavages désinfectants et à une aération continuelle.

Les secondes, disposées pour être plus durables, ne présentent, comme les premières, aucun interstice soit dans leurs parois, soit dans leurs planchers, aucun coin ni recoin dans leurs différentes pièces qui ne puisse être soumis à des lavages périodiques, à des lotions désinfectantes faites avec la pompe, toutes les fois qu'elles peuvent être menacées d'infection. Dans le choix des matériaux employés à leur construction (et parmi lesquels l'architecte a rejeté, autant que possible, les substances poreuses), comme dans la disposition de la charpente, les plus grandes précautions ont été prises pour éviter l'imprégnation des bâtiments par les liquides et les gaz méphitiques ou contagieux, ainsi que l'entassement et le recellement des poussières organiques dans les espaces vides compris soit sous le parquet, soit entre les cloisons.

Nous ne pouvons nous étendre plus longuement sur les diverses questions de construction, d'installation et de désinfection concernant les nombreux services accessoires des hôpitaux-baraques, tels que cabinets d'aisances, dépôts de linge sale, cuisines, tisanerie, laverie, etc., et qui ont été résolues par M. Jæger avec tout le soin et tout l'intérêt que comportent ces points importants de l'hygiène hospitalière. Qu'il nous soit permis seulement d'appeler l'attention du lecteur sur le système simple, économique et efficace de chauffage et de ventilation qu'il préconise pour les hôpitaux-baraques, et dont l'application sera suivie des excellents résultats qu'au point de vue théorique il promet certainement.

Tels sont en résumé les *hôpitaux-baraques* préconisés par M. Jæger; ils sont, croyons-nous, destinés à rendre de grands services, les baraques temporaires en servant en temps de guerre ou d'épidémie, les baraques permanentes en remplaçant dans les grandes villes, dans les cités manufacturières, dans les petites localités même, les vieux hôpitaux malsains et infectés.

Les premières devront être préparées longtemps avant d'être employées ; leurs différentes pièces désarticulées et mises à l'abri constitueront une des parties les plus importantes du matériel des ambulances et formeront une réserve d'hôpitaux supplémentaires prêts à être transportés et établis sur un point du territoire menacé par l'ennemi ou frappé par une épidémie.

Il est évident aujourd'hui qu'il ne faut plus attendre le commencement des hostilités pour se préoccuper de l'installation des services hospitaliers; les hôpitaux d'évacuation et les ambulances militaires, comme les magasins, comme les arsenaux, ne peuvent être négligés en temps de paix par un pays désireux de reprendre son ancien rang parmi les nations et de conquérir ses droits les plus chers et les plus méconnus.

Quant aux hôpitaux-baraques permanents, on pourra peut-être opposer à leur création quelques critiques, fondées sur les frais de leurs désinfections périodiques et de leur reconstruction partielle au bout d'une époque relativement courte, quand on la compare à la durée indéfinie des anciens hôpitaux; mais, si l'on met en regard les dépenses que nécessite leur installation avec les sommes considérables indispensables à l'édification de nos grands hôpitaux, on trouvera les premières bien minimes. Avec la moitié de l'argent dépensé pour construire le nouvel Hôtel-Dieu, on aurait pu élever un ensemble d'hôpitaux-baraques suffisants pour toute la capitale ; l'intérêt de l'autre moitié, placée à 3 ou 4 pour 100, aurait pu, non-seulement suffire aux réparations et aux moyens d'assainissement et de désinfection nécessités au bout d'une certaine période, mais encore aurait pu permettre tous les quinze ans la reconstruction totale des bâtiments.

En résumé, les plans proposés par M. Jæger méritent d'attirer l'attention des administrateurs et des hygiénistes, parce qu'ils réunissent toutes les conditions désirables de salubrité et d'économie. Nous leur accordons de grand cœur notre approbation et nos éloges, et nous souhaitons que l'application prochaine du nouveau système hospitalier préconisé par le savant architecte, puisse nous permettre bientôt de constater pratiquement ses précieux avantages et ses heureux résultats.

Félicitons, en terminant, M. Sabouraud, qui a collaboré avec M. Jæger à la construction des ambulances du Luxembourg et du jardin des Plantes, d'avoir bien voulu s'associer à son collègue pour l'intéressant travail que tous deux soumettent aujourd'hui à l'appréciation des hygiénistes.

Dr A. MARVAUD,
Professeur agrégé à l'école du Val-de-Grâce.

Paris, le 15 mai 1872.

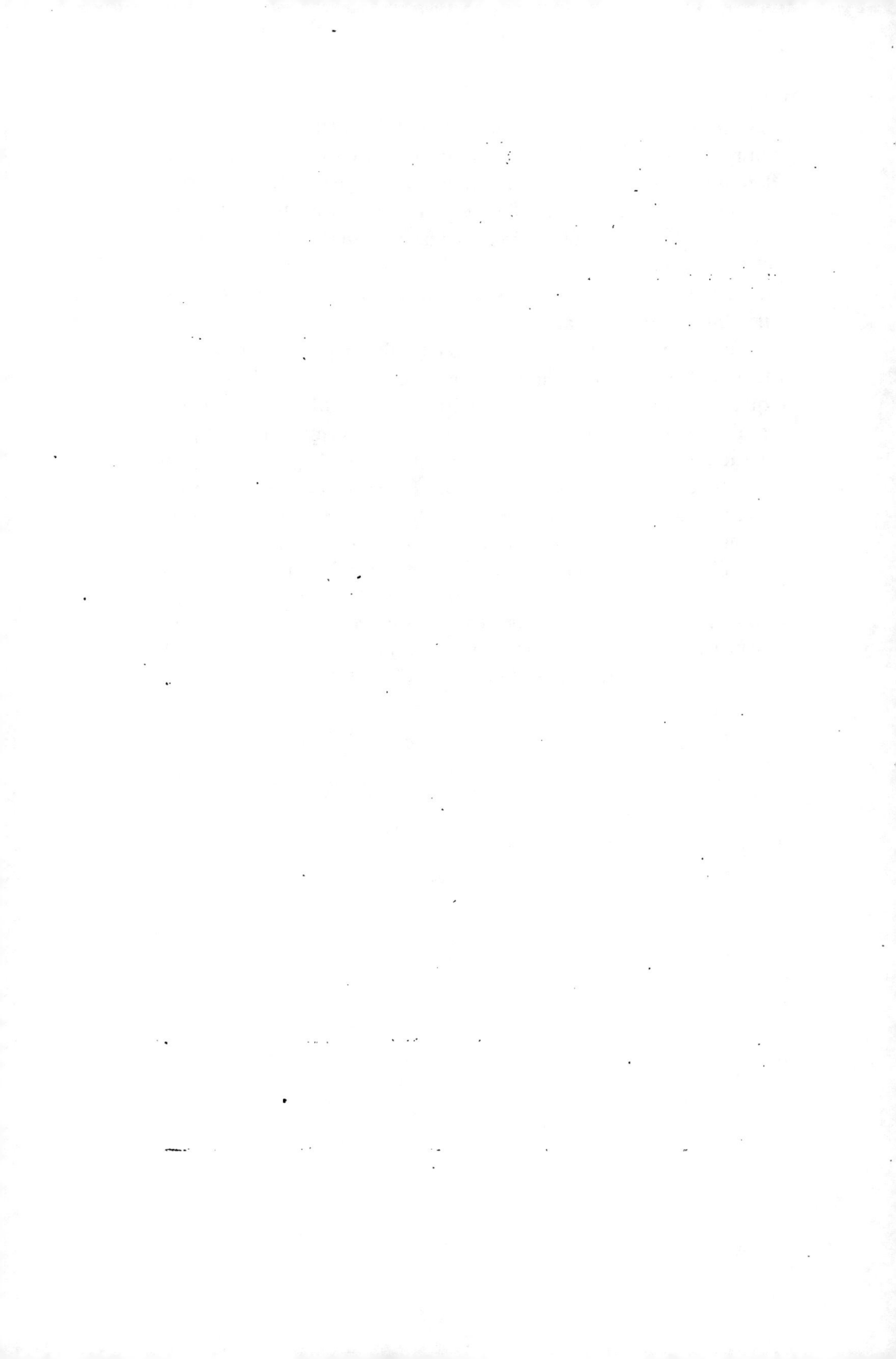

ÉTUDE

SUR LES

HOPITAUX-BARAQUES

I.

PRINCIPALES RÈGLES HYGIÉNIQUES DES CONSTRUCTIONS HOSPITALIÈRES.

La principale recommandation du médecin et de l'hygiéniste, dans les constructions destinées à réunir un certain nombre de blessés ou de malades, consiste à aménager les locaux de telle sorte qu'on puisse y introduire de l'air pur en grande abondance et à une température convenable. L'architecte doit tenir compte de ce principe, et dans la disposition générale des nouveaux hôpitaux, il doit chercher avant tout à disséminer autant que possible les malades, à diminuer leur nombre dans les locaux qui les abritent, enfin à isoler absolument chaque salle. Cette condition de dissémination des malades peut être remplie aujourd'hui par l'adoption du système des *Pavillons isolés*, à un seul étage, suffisamment distants les uns des autres, et orientés de telle façon qu'ils ne puissent priver les pavillons voisins des rayons du soleil ni verser leur atmosphère de l'un dans l'autre, sous l'influence des vents régnants.

Nous condamnons les couloirs de communication fermés,

véritables moyens de canalisation pour l'air vicié, et pour les germes putrides, provenant de chaque salle. Quant aux constructions, elles ne doivent avoir qu'un étage et on obtient de puissants moyens d'aération par l'usage de plafonds inclinés (Dachreiter).

Un autre point important dans la disposition des pavillons, c'est de les arranger de telle sorte que les malades puissent être placés en plein air, autant de fois et aussi longtemps que la température et l'état de l'atmosphère le permettent : car il est évident qu'aucun système de ventilation des salles ne pourra jamais fournir aux malades une aussi grande quantité d'air pur. L'architecte doit donner la plus grande attention aux installations spéciales, tels que cabinets d'aisances, dépôts de linge sale, etc., qui par leur nature constituent de véritables foyers d'infection. Enfin, il doit se préoccuper de choisir des matériaux qui se prêtent le moins possible à l'adhérence ou à la résorption des sporules contagieuses et qui, au contraire, facilitent partout les grands lavages nécessaires à leur désinfection.

L'air pur doit avoir un accès toujours libre dans les moindres recoins, de façon à pouvoir circuler dans tous les espaces vides des constructions. Aussi faut-il éviter, autant que possible, tous les réceptacles grands ou petits qui pourraient retenir de l'air emprisonné ou stagnant.

Les arbres et les plantes devront, par leur présence salutaire autour des pavillons des malades, garantir la salubrité de l'hôpital, et tout en ombrageant les vastes espaces compris entre les pavillons, contribueront certainement à rendre plus sain et plus gai un séjour, toujours triste par sa destination même.

II.

CARACTÈRES DISTINCTIFS DES HOPITAUX : HOPITAUX PERMANENTS,
HOPITAUX TEMPORAIRES.

D'après leur destination, les hôpitaux peuvent être divisés
en deux grandes catégories : les *hôpitaux permanents* et les *hôpitaux temporaires*. Les premiers sont destinés aux besoins ordinaires de la population ; les seconds doivent servir à abriter et
à soigner un nombre considérable de malades, lorsqu'une guerre
ou une épidémie éclate sur un point du territoire ou dans une
localité dépourvue d'établissements hospitaliers. Ceux qui servent dans les armées portent déjà le nom d'*ambulances de guerre*.

On peut donner le nom d'*ambulance d'épidémie* aux hôpitaux
temporaires construits pour y placer les malades atteints d'affections contagieuses ou épidémiques.

Voici quels sont les caractères distinctifs des hôpitaux permanents et temporaires :

1° *Hôpitaux permanents* : conservation du même emplacement,
permanence des bâtiments; par conséquent, constructions et
installations perfectionnées, services généraux et administratifs mieux installés, confortable des malades et des blessés
mieux aménagé.

2° *Hôpitaux temporaires* : Changement d'emplacement suivant
les besoins et les nécessités; par conséquent, mobilité de la
construction, mais aussi réduction des installations et services
généraux restreints au plus strict nécessaire : désavantages
amplement compensés par la supériorité que possèdent certainement, au point de vue hygiénique, les hôpitaux temporaires
sur les hôpitaux permanents.

Nous croyons devoir insister particulièrement sur le caractère de mobilité que doivent présenter les hôpitaux temporaires. Nous voulons que ces constructions puissent se monter, se démonter et se transporter avec la plus grande facilité d'un endroit à un autre, afin de pouvoir servir plusieurs fois. Elles doivent être exécutées en temps ordinaire, dans les conditions de bon marché les plus faciles et les plus avantageuses; car nous condamnons absolument ces constructions provisoires élevées à la hâte, sans étude et sans soins, mais à des prix fabuleux, comme nous en avons vu s'élever de tous côtés, au début et pendant la durée de la dernière guerre. Du reste, ce que nous avons vu sous ce rapport en Allemagne prouve surabondamment qu'il ne suffit point d'être initié à tous les principes de l'hygiène et même de voir ces derniers répandus dans la masse du public instruit, pour pouvoir appliquer ces principes dans la construction toujours rapide, imprévue et précipitée des ambulances de guerre. Sur une quarantaine de types différents, dont les dessins nous ont été communiqués, il n'y a guère qu'une douzaine d'ambulances qui réalisent, comme celles de Berlin, de Francfort, de Heidelberg, de Carlsruhe, etc., le degré de perfection relative qu'on pouvait raisonnablement exiger de ces sortes de constructions, avant les perfectionnements que l'expérience de la dernière guerre nous a indiqués.

Afin de distinguer ces constructions de celles qui ont été employées jusqu'à ce jour, nous appelons *baraque* le pavillon d'hôpital type, quel que soit du reste son caractère ou son importance; nous donnons le nom de *baraque permanente* au pavillon type de l'hôpital permanent et celui de *baraque temporaire* au pavillon type de l'ambulance ou de l'hôpital d'épidémie.

III.

DE LA DURÉE D'UN HOPITAL.

Il est aujourd'hui admis par tous les hygiénistes que les bâtiments qui servent depuis un certain temps au traitement des malades ou des blessés, perdent leur salubrité.

On sait qu'il existe un certain nombre de maladies (affections zymotiques, contagieuses et infecto-contagieuses) qui règnent en permanence dans les édifices construits depuis longtemps et où séjournent habituellement un grand nombre d'individus (casernes, colléges, etc.). De plus, l'infection des salles des vieux hôpitaux et même du sol sur lequel ils sont construits, rend souvent meurtrier leur séjour aux malades, complique les affections les plus bénignes et compromet la réussite des opérations chirurgicales les plus simples ou les mieux faites. Il faut donc rejeter aujourd'hui l'existence indéfinie d'un hôpital dans les mêmes bâtiments, comme contraire à l'hygiène. L'architecte doit se préoccuper des conditions nouvelles, les plus propres à combattre les inconvénients des anciens hôpitaux. Il règne parmi les médecins et les hygiénistes deux opinions, que nous appellerons : l'une l'*opinion radicale*, l'autre l'*opinion conservatrice*.

Les hôpitaux permanents, tels que ceux dont nos villes offrent de nombreux exemples, ont une durée que la solidité de leurs matériaux rend pour ainsi dire illimitée. Bien qu'ils soient infectés après un certain laps de temps, cependant ils ne disparaissent que pour des motifs le plus souvent complétement étrangers à l'hygiène et au bien-être des malades. Voilà pourquoi les *praticiens radicaux* veulent supprimer complétement l'hôpital permanent monumental, qualifié même par certains d'entre eux *d'hôpital sépulcre*, et demandent son remplacement par l'hôpital temporaire, formé de constructions légères, et continuellement renouvelées.

Les *conservateurs*, tout en reconnaissant la supériorité hygiénique de l'hôpital temporaire, lui reprochent une grande infériorité au point de vue des installations, du confortable, de la facilité de l'administration, et concluent à un type moyen formé de constructions solides mais réunissant autant que possible tous les avantages des constructions légères.

Tel est le type de pavillon hospitalier adopté actuellement en Allemagne, qu'on appelle *baraque permanente*, et dont le premier modèle, construit par le conseiller Esse à l'hôpital de la Charité à Berlin en 1866, fut ensuite perfectionné et agrandi dans d'autres localités. A cet hôpital permanent, les hygiénistes radicaux objectent qu'il doit arriver, inévitablement, un moment où non-seulement les locaux et les constructions elles-mêmes, dans toutes leurs parties, doivent être infectées, par la présence continuelle des malades, mais encore où le sol lui-même qui porte ces constructions est imprégné de matières délétères et contagieuses. De plus, les hôpitaux, malsains pour ceux qui y sont enfermés, peuvent encore devenir un danger pour les habitants des quartiers environnants. On évite complétement ces inconvénients au moyen des hôpitaux temporaires, dont les constructions mobiles et souvent renouvelées peuvent être complétement déplacées et éloignées des quartiers où leur présence est devenue funeste. Le temps pendant lequel doivent servir ces pavillons (baraques *permanentes*, ou *temporaires*) ne peut être déterminé; ils resteront en service tant que les bâtiments et le sol lui-même ne présenteront ni infection, ni danger pour les malades.

Il n'y a pas à tenir compte de la solidité des constructions, car l'infection des bâtiments et du sol précédera toujours de beaucoup le moment où ils peuvent nécessiter de grandes réparations, ou bien une reconstruction totale.

Le nombre d'années pendant lesquelles peut servir une baraque, temporaire ou permanente, ne peut être évidemment établi que par des expériences et des observations successives, faites sur un grand nombre de baraques, à la suite d'un long service ; il est probable, du reste, qu'il peut varier suivant la nature du sol, les conditions climatériques, la nature des matériaux employés à la construction, enfin le caractère des épidémies qui peuvent se succéder pendant le temps d'occupation des baraques. Nous sommes portés à croire, jusqu'à expérience contraire, qu'en raison des matériaux et des constructions que nous proposons, la durée d'une baraque permanente, telle que nous la décrirons, peut atteindre une période de 15 ans, sans renouveler les cloisons, et celle d'une baraque temporaire une période de 3 ans de service non interrompu ; étant bien entendu que la situation de l'hôpital se trouve dans de bonnes conditions hygiéniques et que les moyens de ven-. tilation et de désinfection sont appliqués avec cette largesse et cette perfection qu'exigent les progrès de l'hygiène.

IV.

DU NOMBRE DE LITS PAR SALLE.

La salle des malades formant la partie principale de la baraque, et ses dimensions dépendant du nombre de malades à y loger, il est important de déterminer le chiffre des malades qu'elle doit contenir. Nous n'avons pu trouver jusqu'à présent une formule exacte pour déterminer le nombre des malades qu'il faut réunir dans une salle, ou une baraque. Deux principes fondamentaux conduisent à des conclusions absolument opposées pour la détermination de ce nombre. En effet, s'il est incontestable qu'au point de vue hygiénique absolu, le chiffre le plus faible serait le plus favorable, d'autre part, au point de vue financier et administratif, la réunion d'un grand nombre de malades par salle, semble présenter plus d'avantages. Il serait sans doute bien difficile d'arriver théoriquement à déterminer un moyen terme entre ces exigences opposées. Nous nous en rapportons donc aux observations multiples que nous avons faites dans les différentes ambulances et hôpitaux récemment construits et d'après lesquelles nous croyons devoir renfermer ce chiffre entre les limites extrêmes de 20 à 30.

On peut même, croyons-nous, accepter ces deux nombres pour le même type de baraque, qui servirait, selon les circonstances, soit à 20 blessés, soit à 30 malades. D'après les nombreuses informations que nous avons prises, cette limite de 20 à 30 réunirait certainement l'avantage de conditions hygiéniques excellentes à la possibilité de conditions administratives et financières suffisamment avantageuses.

V.

TYPES DES BARAQUES.

Nous nous occuperons de deux types de baraques : celui de l'hôpital permanent auquel nous assignons en quelque sorte une durée périodique de quinze ans, et celui de l'hôpital temporaire, exploité à diverses époques, et pendant des périodes qui ne dépasseront guère la durée d'une épidémie ou d'une guerre, soit un an à dix-huit mois au maximum. Il est évident que la baraque établie pour un service permanent comportera une construction plus complète et plus parfaite, des conditions plus avantageuses au point de vue du bien-être des malades et de l'installation des personnels médicaux et administratifs, un plus grand perfectionnement dans l'établissement des services hospitaliers.

La baraque temporaire, destinée à être utilisée exceptionnellement, pendant une période relativement courte, ne pourrait recevoir le même perfectionnement. Cependant nous pensons qu'il est possible, tout en la rendant très-économique, d'améliorer beaucoup la baraque telle que nous l'avons vue construite pendant la dernière guerre. Comme au bout d'un an ou de dix-huit mois, la baraque que nous proposons ne doit pas être infectée au point de devenir impropre à un nouvel usage, nous la construisons de telle sorte que l'on puisse la remonter facilement de nouveau, chaque fois que le besoin s'en ferait sentir, et cela sans dépenses ni difficultés sérieuses. En un mot, il faut lui donner le caractère d'une construction mobile pouvant être réédifiée à peu de frais, rapidement, et autant de fois qu'il est nécessaire, jusqu'à ce que les matériaux soient reconnus infectés ou impropres à être employés de nouveau. En principe, la baraque temporaire doit donc être une baraque mobile servant tout aussi bien en temps de paix pour le service des épidémies, qu'en temps de guerre pour le service des blessés (1).

Nous avons donné plus haut le conseil de construire les baraques d'avance, de façon à les avoir toutes prêtes, en cas de guerre ou d'épidémie ; les pièces qui composent ces constructions seraient combinées de telle façon qu'elles puissent se confectionner en masse par les machines en usage aujourd'hui dans les grands ateliers spéciaux de menuiserie, de fabrique de wagons, etc., etc.

. Il est incontestable que des baraques construites ainsi à loisir, aptes à servir plusieurs fois, permettront d'introduire des perfectionnements qui laisseront bien loin ces baraques construites à la hâte, souvent sans étude, à des prix exagérés, et même avec des matériaux impropres à cet usage, que nous voyons s'élever subitement en temps de guerre. Un autre avantage fort appréciable de ces baraques mobiles est celui de pouvoir élever et installer en quelques jours un vaste hôpital. Il n'y a pas longtemps que nous avons vu ces mêmes constructions exiger, avant de pouvoir être employées, deux ou

(1) Elle pourrait même servir à d'autres usages encore ; ainsi elle pourrait abriter provisoirement les gens privés de leurs demeures à la suite des grandes inondations, des incendies, etc. Beaucoup de baraques d'ambulance, au voisinage des grandes villes en Allemagne, servent actuellement à loger d'office les personnes sans abri par suite du manque de logement, lequel a pris l'importance d'une calamité dans certaines villes.

F. J.

trois mois de travaux assidus, à partir du jour où leur création était décidée, et cela à cause du trouble général occa-
sionné par la guerre dans tous les genres de travaux et d'industrie et par le manque de bras et de matériaux, auquel la
meilleure volonté ne peut suppléer.

VI.

DISPOSITION DE LA BARAQUE.

La salle des malades est, comme nous l'avons dit, l'élément
principal de la baraque, autour duquel doivent se grouper les
pièces accessoires, destinées aux divers services et dont le
nombre et la destination nous ont paru très-variés dans les différentes ambulances et hôpitaux que nous avons visités. Il y
en a d'abord d'absolument condamnables et dont on doit se
débarrasser, tels que les *dépôts de sacs* et *d'uniformes*, que nous
avons été fort surpris de voir dans la grande ambulance de
Tempelhof à Berlin, annexés à chaque baraque. Les pièces indispensables aux baraques temporaires ou permanentes sont :
les *cabinets d'aisances*, la *tisanerie* ou *laboratoire avec chaudière et
laverie*, le *dépôt provisoire du linge sale*, la *chambre de l'infirmier de
garde*, et enfin une pièce pouvant servir, selon les besoins, de
chambre d'isolement, *salle d'opération*, *de comptable*, etc. Quant à la
salle de bains, elle n'est pas nécessaire parce que les bains ordinaires pourront être administrés au pied du lit, au moyen d'une
baignoire roulante. Mais nous recommanderons de joindre, si
c'est possible, à ces pièces un *salon* ou *réfectoire* pour les convalescents. Naturellement nombre d'autres pièces pourront être
ajoutées à celles mentionnées plus haut ; cela dépendra du
degré de confort qu'on voudra obtenir dans un hôpital permanent. Cependant au point de vue hygiénique nous ne saurions
recommander une accumulation de ces petites pièces, relative-

ment mal aérées, et nous les condamnerions absolument si elles devaient obstruer les abords de la baraque, de façon à enrayer l'aération complète de la salle des malades et des différentes parties de la construction.

Si nous appliquons à la disposition de la baraque les principes que nous avons énoncés plus haut, nous devrons élever ce bâtiment sur un sol sec et facile à entretenir propre ; nous surélèverons le plancher de tout le pavillon, afin de pouvoir non-seulement y faire circuler largement l'air, mais encore nettoyer le dessous. Le rez-de-chaussée aura un sol en pente pour faire écouler les eaux de lavage et sera en outre disposé de telle façon qu'il puisse être fermé l'hiver et transformé en chambre de chauffe. Il sera à une hauteur suffisante pour permettre à un homme de pénétrer au-dessous ; quoi qu'il en soit, la question d'économie pour le chauffage et la facilité du service à établir entre le sol et le niveau de la salle exigent de rester dans des dimensions aussi restreintes que possible. Il faut considérer, en effet, que le sous-sol de la baraque, devant lui servir de chambre de chauffe, comme nous l'avons dit, ce sous-sol ne pourrait guère avoir la hauteur exigée pour le libre passage d'un homme, sans de grands inconvénients. Nous la réduirons donc à la hauteur nécessaire pour permettre les lavages et nettoyages sans trop de difficulté, soit 1^m,20 à 1^m,30 sous plafond.

La salle de malades ainsi élevée au-dessus du sol contiendra deux rangs de lits disposés la tête au mur, les pieds vers le milieu de la pièce ; autant que possible les lits seront situés chacun entre deux portes-fenêtres ; ils seront isolés des murs de façon que l'on puisse en faire le tour. Cette salle aura 8 à 10 m. de largeur sur 30 m. de longueur et au moins 4 m. de hauteur, jusqu'à la naissance du plafond.

Le plafond, incliné suivant la pente du toit, aboutira dans sa partie la plus haute à une lanterne (Dachreiter) occupant toute la longueur de la salle et environ un tiers de sa largeur, et servant surtout à la ventilation, et en même temps à l'éclairage. L'air vicié et chaud s'élevant vers le plafond, glissera le long du rampant pour s'échapper par les nombreuses ouvertures de la lanterne. La salle sera munie sur chacun de ses longs côtés d'une galerie latérale assez large pour y rouler les lits, afin de placer au grand air les malades toutes les fois et aussi long-temps que le permettra la température extérieure. Nous ne saurions trop le répéter : aucune ventilation ne peut donner aux malades, dans quelque salle que ce soit, une plus grande quantité d'air pur, que le plein air lui-même. Ces galeries devront être assez larges pour permettre de placer les lits per-pendiculairement au mur avec passage en avant, soit une largeur de 4 à 5 mètres. Elles seront terminées à chaque extrémité par des cabinets accessoires renfermant certains services de la baraque. Des portes vitrées ou portes-fenêtres montant sous plafond donneront passage dans toute la lon-gueur de la salle et faciliteront autant le service que l'aération. En supposant l'axe de la baraque dirigé de l'est à l'ouest, ces deux galeries exposées au nord et au sud auraient un double avantage : au printemps et en automne, celle du midi offrirait un emplacement complétement abrité, mais en plein air, où les malades pourraient profiter des premiers et des derniers jours de soleil ; celle du nord au contraire permettrait de sor-tir les malades pendant les grandes chaleurs, dans un endroit à l'ombre, séparé par toute la largeur de la baraque des points échauffés par le soleil. Enfin, à cette époque de l'année, la ga-lerie du sud préserverait le mur même de la salle de l'échauffe-ment direct par les rayons du soleil et les deux galeries abrite-raient complétement les murs de la salle contre la pluie battante.

Souvent, les pièces destinées aux services accessoires pour-ront être entièrement placées aux bouts des galeries. Ainsi on y placera les cabinets d'aisances et le dépôt du linge sale et des balayures ; ces réduits, considérés comme foyers d'infection, peuvent être facilement séparés de cette façon par un espace vide, où l'air peut librement circuler.

Les pignons est et ouest, quand ils sont dégagés, pourraient être percés d'ouvertures larges et hautes, laissant pénétrer le soleil levant ou le soleil couchant dans la profondeur de la salle, et contribueraient ainsi, avec la grande lanterne de ven-tilation, à éclairer complétement et à égayer la salle.

Quant à la baraque temporaire, à cause de sa destination et de la durée restreinte de son emploi, elle n'a pas besoin de l'adjonction de ces galeries qui rendraient sa construction plus compliquée et par conséquent plus longue. Elle se trouverait donc réduite à la salle et aux services accessoires, tels que *water-closet, dépôt provisoire de linge de pansements, laverie, tisanerie* et *chambre d'infirmier.* Néanmoins elle serait surélevée au-dessus du sol avec une circulation libre de l'air en dessous du plancher de la baraque. Suivant les ressources des lieux, le sol pourrait être fait en terre battue ou béton. Dans tous les cas, l'aire comprise au-dessous de la baraque serait exhaussée de 0ᵐ, 10 ou 15 centimètres au-dessus du sol général environnant, pour faciliter les écoulements d'eau. Une banquette continue, entourant tout le bâtiment, maintiendrait ce sol et servirait à fixer ou à établir les cloisonnements qui transformeraient pendant l'hiver le sous-sol en chambre de chauffe.

VII.

PLAN GÉNÉRAL DE L'HOPITAL.

Nous n'admettons pas que le plan, suivant lequel doivent être disposés ou groupés les pavillons, dépende de la configuration du terrain ou de la forme de l'emplacement réservé aux baraques. Le terrain doit être toujours assez vaste et suffisamment libre d'obstacles pour nous permettre d'adopter telle ordonnance de plan que nous jugerons la meilleure ; dans un cas spécial il faudra choisir un terrain dans des conditions telles, qu'il permette de se rapprocher le plus possible de la disposition que nous préconisons.

Nous proscrivons d'abord absolument, comme contraire à la libre circulation de l'air, toute forme de plan périphérique et fermée, c'est-à-dire dans laquelle les baraques disposées à la suite les unes des autres forment, pour ainsi dire, l'enceinte du terrain destiné à l'hôpital. Nous adoptons au contraire les formes ouvertes, surtout rayonnantes, dont chaque rayon ou groupe est composé non point d'une baraque, mais d'une série de baraques. Le centre d'où partent ces rayons doit être réservé aux services généraux.

Donnant l'accès le plus libre à l'air, cette disposition offre de grands avantages : elle permet d'établir la communication la plus directe et la plus régulière entre chaque rayon ou groupe et les bâtiments des services généraux. Toutes les baraques pourront être orientées de même, c'est-à-dire, recevoir l'orientation la plus avantageuse, soit par rapport au soleil, soit par rapport aux vents régnants. Nous indiquerons plus loin les dispositions particulières, que l'on prendra pour grouper les baraques dans leur rayon.

Les groupes se trouvent ainsi séparés par de larges espaces dans lesquels l'air peut librement circuler. Enfin, avec ce système on peut augmenter, en cas de besoin, le nombre des baraques, sans rien déranger aux services généraux, en ajoutant simplement de nouveaux rayons entre ceux déjà établis ou en prolongeant ces derniers par l'adjonction de nouvelles baraques.

Reste à déterminer quel est le meilleur plan qui doit être adopté pour chaque rayon ou groupe de baraques, afin que ces dernières ne puissent ni déverser leur atmosphère de l'une dans l'autre, ni gêner la vue des malades, et cela tout en diminuant autant que possible l'étendue des communications, le parcours des chemins toujours très-long avec le système de pavillons isolés. Nous croyons atteindre ce but en disposant les pavillons de la manière suivante. La direction du groupe de baraques ou *rayon* est déterminé par un chemin droit de communication partant du centre de l'hôpital; contre ce chemin sont disposées obliquement, en échelon, les baraques parallèles entre elles. Elles doivent avoir leurs grands axes parallèles espacés perpendiculairement de deux fois la largeur de la baraque, ce qui laisse entre les faces latérales un espace libre égal à la largeur d'une baraque, y compris les galeries, soit environ 20 mètres. Les abouts de ces deux pavillons ne doivent pas être dans le même alignement, mais laisser entre eux un espace suffisant pour établir un petit chemin de communication transversale reliant la grande artère ou rayon avec le pignon est de chaque baraque, et le pignon ouest de la suivante.

Grâce à cette disposition, les baraques ne peuvent ni masquer la vue de la salle voisine, ni intercepter les courants d'air qui doivent autant que possible balayer les parois des bâtiments ; car dans la circonstance la plus défavorable, lorsque le vent souffle exactement dans la direction du rayon, il frappera les parois des baraques sous un angle aigu et sera dévié latéralement sans retomber sur la baraque suivante. Sans vouloir prétendre que dans ce cas il ne puisse à la rigueur y avoir quelque communication d'air vicié chassé d'une baraque sur l'autre, il est cependant certain que cet inconvénient sera bien moins à craindre, qu'avec une disposition des baraques établies parallèlement au rayon, à la file les unes des autres, ou perpendiculairement en colonne serrée. Cet inconvénient serait, il est vrai, moins grand dans le premier cas (baraques disposées en file), mais il en résulterait un autre, c'est que l'intervalle exigé entre deux baraques, s'ajoutant à leur longueur, donnerait alors au groupe, ou rayon, entier une étendue énorme trop préjudiciable au service. Une disposition semblable nous ayant été imposée à l'ambulance du jardin des Plantes par la configuration de l'emplacement (allée des Marronniers) nous avons pu apprécier tous les inconvénients d'un parcours d'un demi-kilomètre. La longueur de la grande voie de communication ou rayon n'est du reste pas invariable, car l'écartement perpendiculaire de deux baraques consécutives peut être diminué, si l'emplacement de l'hôpital est dans de bonnes conditions d'aération, dues à sa situation topographique, par exemple s'il est exposé aux brises de la mer ou à des courants d'air très-réguliers ; mais elle ne devrait pas être inférieure à 10 mètres. La longueur de la voie entre les abouts de deux baraques voisines, est dans ce cas de 45 à 50 mètres. Dans notre première hypothèse elle était de 65 mètres environ.

On concevra facilement que si un groupe comprenait un nombre trop considérable de baraques, dix par exemple, nous retomberions dans l'inconvénient des baraques en file ; l'infirmier, obligé de se rendre de la baraque extrême aux services généraux et de revenir, se trouverait avoir à parcourir plus de 1 kilomètre, ce que l'on ne peut exiger de lui. Une fois l'orientation déterminée, soit par rapport au soleil, soit par rapport aux vents régnants, toutes les baraques dont se composera un hôpital devront avoir sensiblement la même orientation afin de profiter des mêmes avantages. On obtient facilement ce résultat en disposant les bâtiments sous forme de croix de saint André. En supposant qu'au maximum chaque groupe soit composé de cinq baraques contenant trente malades chacune, nous obtenons un hôpital de 600 lits couvrant un terrain de 500 mètres sur 600 mètres environ. Avec une disposition semblable, la distance à parcourir, depuis la baraque extrême jusqu'au point central, ne serait que de 250 mètres environ.

VIII.

COMMUNICATIONS ENTRE LES PAVILLONS.

Considérant maintenant l'établissement des chemins de communication entre les baraques, nous rappellerons d'abord qu'en principe toute communication fermée doit être prohibée. Le caractère de mobilité de l'hôpital temporaire ne permettant pas d'établir d'autres communications que celles à l'air libre ou protégées tout au plus contre la pluie et le soleil par une légère toiture de planches ou même des toiles, s'accommode donc parfaitement de cette obligation; vu les circonstances où ces hôpitaux fonctionnent, les inconvénients de ce système sont facilement acceptés et certainement au point de vue hygiénique ils se convertissent en avantages. Mais dans un hôpital permanent on doit se préoccuper des communications pour l'hiver. Nous l'avons déjà dit : des communications closes établies à demeure ont l'inconvénient très-grave d'offrir d'un côté un obstacle à l'air et au vent destinés à balayer autant que possible tout l'entourage des baraques ; d'un autre côté de former une véritable canalisation d'air vicié d'une salle à l'autre. Il serait donc à désirer que ces communications fassent aussi peu d'obstacle que possible et qu'elles n'existent que pendant les moments indispensables, c'est-à-dire pendant les jours de temps rigoureux ; qu'en outre la manœuvre des ouvertures soit assez facile pour ne pas risquer d'être négligée ou omise. En principe, la communication d'été doit être complétement à l'air libre et la communication d'hiver aussi très-largement ouverte et pouvant se fermer à certains moments. De plus, ces deux communications doivent être installées de telle sorte que celle entièrement à l'air libre soit de beaucoup la plus commode et qu'en réalité on ne soit tenté à se servir du couloir et à le fermer que dans les cas de mauvais temps ou de froid rigoureux. Ces résultats peuvent être obtenus par une communication d'été, située à niveau des salles formant terrasse bitumée et sous laquelle passerait la galerie également bitumée n'ayant que juste la hauteur nécessaire au passage, soit 2^m, 20 sous plafond. Les parois de ce couloir seraient fermées par une suite de volets en partie vitrés, se relevant sous plafond et transformant ainsi le couloir en portique bas et même enterré. Ces couloirs ne dépasseraient que de $1^m,50$ le sol et n'empêcheraient pas étant ouverts les vents de balayer complétement le terrain ; étant fermés, ils ne présenteraient qu'un obstacle de $1^m,50$ de haut. Ce passage [inférieur serait mis en communication avec le sol des salles par un escalier entièrement ouvert et abrité seulement contre la pluie, interrompant ainsi toute communication close et directe entre le couloir et la salle, par conséquent entre une baraque et la suivante.

IX.

CLOTURES.

Il y a lieu de se préoccuper également du système à adopter pour les clôtures. Il est indispensable que celles-ci ne présentent aucun obstacle à la circulation de l'air et il n'y a aucune raison pour ne pas les disposer comme celles des maisons d'aliénés, c'est-à-dire de façon à donner passage à l'air et à la vue de tous côtés et à ne pouvoir faire naître chez les malades aucune idée de claustration. Nous condamnons donc absolument, autant au point de vue hygiénique qu'au point de vue de leur influence sur l'état moral des malades, toute espèce de clôture pleine : murs, palissades, cloisons, etc. (1). Le système de clôture que nous préférons à tous les autres est le suivant : établissement d'un saut de loup avec mur [de soutènement du côté extérieur ; talus du côté de l'hôpital couronné d'une balustrade d'appui. Dans le cas où le saut de loup ne pourrait être établi, on le remplacerait par des grilles de clôture en fer, en ayant soin de les séparer par un chemin de ronde, d'une seconde clôture intérieure légère, de façon à empêcher les malades de se mettre en communication avec le dehors à travers la grille de clôture. Pour l'hôpital temporaire on établirait une palissade assez haute pour éviter l'escalade, et à claire-voie, espacée de façon à empêcher de passer à travers, mais tout en laissant à l'air la plus libre circulation. En dedans de cette clôture serait un chemin de ronde et de surveillance avec une légère barrière intérieure.

(1) Mme la supérieure des sœurs à l'hôpital civil de Mustapha à Alger nous a fait observer que tant que cet hôpital était clos par des clôtures en planches jointives, très-hautes du côté de la mer, les cas de typhus ne cessaient de régner parmi les sœurs. Depuis la démolition de cet obstacle, les brises de mer arrivant directement dans l'hôpital, les cas de typhus ont cessé d'être permanents.   F. J.

X.

PLANTATIONS.

Pour l'hôpital permanent, tous les terrains non occupés par les bâtiments, chemins ou cours de service devront être transformés en jardin d'agrément, formant promenade pour les convalescents et plantés d'arbres, d'arbustes et de gazon. Ces plantes par leur effet sur l'atmosphère ne peuvent qu'exercer une influence salutaire sur les malades. Néanmoins il faut éviter les dispositions de rideaux d'arbres ou massifs fourrés formant un obstacle continu au vent et qui l'empêcherait, comme les clôtures fermées, de balayer le sol et de renouveler l'air autour des salles des malades. Grâce à ces dispositions, les convalescents sortant de leurs salles ou les malades transportés dans les galeries situées sur les longs côtés des baraques, trouveront de tous côtés un point de vue agréable, des pelouses, des arbres dont la présence agira heureusement sur leur état moral.

XI.

VENTILATION D'ÉTÉ OU AÉRATION.

La meilleure aération qui puisse être obtenue c'est, comme nous l'avons dit, de tenir aussi souvent et aussi longtemps que possible les malades en plein air, sous les galeries latérales, disposées de façon à protéger les lits seulement contre la pluie, les rayons du soleil et imparfaitement contre le vent. Mais lorsque ce moyen devient impraticable, soit à cause de la chaleur, du froid, du vent, de la poussière, de la pluie, de la brume, du brouillard, ou toute autre cause obligeant de maintenir les malades dans les salles, il faut chercher à réaliser autant que possible, par certaines ouvertures, les avantages du plein air. On doit donc se préoccuper de deux points principaux : 1° fournir aux malades la plus grande quantité possible d'air pur ; 2° faire balayer par des courants d'air pur toutes les parois de la salle et toutes les parties de la construction.

Nous avons à distinguer différents états d'incommodité ou d'insalubrité de l'atmosphère auxquels doivent répondre certains agencements des ouvertures communiquant de la salle des malades avec l'air extérieur.

1° *Temps beau, mais chaleur excessive.* Les procédés pour rafraîchir l'air chaud [refroidissement par la poussière d'eau] usités jusqu'à présent pourraient s'appliquer peut-être aux hôpitaux ; mais nous croyons qu'ils ne sont guère nécessaires, vu que le séjour même dans une baraque en simples planches, par les plus grandes chaleurs, est parfaitement supportable pourvu qu'on remplisse les deux conditions suivantes : a. obtenir une large ventilation, par un nombre d'ouvertures bien disposées ayant au moins 0,02 mètre cube de section par 1^m cube de la salle ; b. éviter l'échauffement direct par le soleil de n'importe quelle paroi de la salle (1).

2. *Beau temps sec, calme ; température agréable.* Il permettra l'usage des galeries pour presque tous les malades ; en même temps l'ouverture de toutes les baies, trappes, etc. réalisera l'aération générale de la salle et de toute la construction.

3° *Beau temps sec avec brise trop forte, pour laisser les malades*

(1) Nous nous sommes convaincu personnellement de ce que nous avançons ici, en faisant des relevés thermométriques par les plus fortes chaleurs du mois de juillet 1871 dans les baraques d'ambulance du Trocadéro, du jardin des Plantes et du boulevard de Courcelles, à Paris, de la Grande Gerbe, à Saint-Cloud, et au mois d'août de la même année, dans les anciennes baraques de l'hôpital militaire du Dey et de l'hôpital civil de Mustapha à Alger. On nous a même affirmé que les doubles cloisons et doubles plafonds des wagons du chemin de fer d'Alexandrie à Suez préservent parfaitement de la chaleur torride du soleil du désert. **F. J.**

dans les galeries. Il pourrait cependant permettre de laisser les portes-fenêtres de tout le côté de la salle opposé au vent ouvertes; celles-ci produiraient, avec les trappes du côté opposé, encore une aération puissante sans courant d'air ni coup de vent.

4° *Temps d'orage, de tempête, de pluies torrentielles ne permettant plus l'ouverture d'aucune grande baie ou porte-fenêtre.* La ventilation s'obtiendra par l'usage de toutes les ouvertures de ventilation disposées sur les grandes faces de la baraque. Trois systèmes établis, le premier sur la partie verticale de la lanterne, le second en haut du mur vertical de la salle sous le plafond, le troisième à ras du plancher, manœuvreraient par des trappes roulant horizontalement dans des coulisses ou par des persiennes verticales, rendues solidaires par des tringles raides, et permettraient de clore ces ouvertures, ou de les ouvrir exactement de la quantité voulue au moyen d'un seul tirage opéré à l'une des extrémités de la salle. Toutes ces ouvertures seraient interceptées par de la toile métallique, tamisant l'air et empêchant l'entrée des insectes et de la poussière.

5° *Temps de pluie, brume, brouillard ou humidité de l'air ne permettant point la communication directe avec le dehors.* Il serait évidemment à désirer qu'en pareil temps on trouvât les moyens de dessécher l'air trop humide sans élever sa température. Aucun procédé applicable aux hôpitaux pour dessécher l'air sans l'échauffer préalablement n'a pas été trouvé, et pour obvier à cet inconvénient on est encore réduit à un emploi intelligent de la ventilation combinée avec le chauffage. C'est selon le degré de l'humidité de l'air extérieur et selon le degré d'efficacité que la température permet de donner aux appareils de chauffage devant dessécher l'air humide que les trappes pourront être plus ou moins ouvertes, soit pour l'introduction de l'air pur mais humide qui se mêlera à l'air chaud sec, soit pour l'évacuation de l'air vicié. La détermination de la plus grande quantité d'air pur à donner sans trop d'humidité, est, dans ce cas, une question de tact et d'appréciation réservée aux médecins.

XII.

VENTILATION D'HIVER OU CHAUFFAGE.

§ 1. — *Baraques permanentes.*

Quand l'abaissement de la température extérieure devient tel qu'on se trouve forcé de chauffer l'intérieur de la salle des malades, on doit recourir au système de *ventilation d'hiver;* nous disons avec intention système de ventilation d'hiver et non système de chauffage, ce dernier n'étant malgré son importance qu'un accessoire du premier. Nous posons en principe que pendant l'hiver, il faut surtout se préoccuper d'injecter dans les salles des malades autant que possible de grandes quantités d'air pur tout en maintenant la température de la salle à un degré supportable. Contrairement à ce qui généralement s'est fait jusqu'à présent, nous croyons qu'il ne faudrait pas chauffer les salles par l'injection d'une quantité, relativement petite, d'air porté à une température relativement élevée, lequel air chaud se mêlant à l'air froid de la salle produit le degré voulu, mais au contraire, nous voudrions injecter un grand volume d'air, chauffé juste au degré exigé ou à peine surchauffé (15° à 25°). Cet air entrant par les trappes placées au bas des longs côtés de la baraque ne ferait, pour ainsi dire, que traverser la salle pour sortir par les trappes de la lanterne ou par la cheminée ou *gaine d'appel* disposée dans toute la longueur du faîtage de la lanterne. Nous voudrions ajouter à ce moyen, propre à maintenir la température ambiante de la salle, un autre moyen : la chaleur rayonnante. Un parquet chauffé dans toute sa surface, enveloppant constamment dans sa sphère de rayonnement les personnes et tous les objets jusqu'à 2 mètres au-dessus du plancher, leur maintiendrait une douce température sans donner lieu à une grande déperdition de calorique, comme cela se produit par l'emploi du chauffage à air chaud continuellement renouvelé. Ce système serait celui de l'Hypocausis renouvelé de la villa romaine antique. Ce double système de chauffage et de ventilation serait placé dans l'épaisseur d'un double plancher, ou mieux dans le sous-sol fermé de la baraque. Si au lieu d'une génération de calorique centrale et puissante (calorifère), on pouvait arriver à un grand nombre de générateurs faibles et disséminés régulièrement sous toute la surface du parquet, on arriverait certainement à un effet très-complet. On serait ainsi conduit à l'application du chauffage par le gaz avec un système de plaques de chauffage régulièrement réparties sur toute l'étendue du plancher, et on pourrait obtenir un chauffage uniforme, constant et régulier sur tous les points de la baraque, car il suffirait d'un simple tour de robinet de quelques degrés sur le conduit principal pour augmenter ou diminuer la force des générateurs, c'est-à-dire le volume des flammes, suivant le besoin d'augmentation ou de diminution de la température dans la salle. Malheureusement, il ne nous a pas été possible d'arriver jusqu'à présent à une solution pratique de ce problème, contre lequel s'élevait principalement l'objection du prix de revient du gaz.

Nous nous contenterons d'examiner les modes de chauffage aujourd'hui en usage et chercherons celui qui nous paraît s'adapter le mieux au même principe, c'est-à-dire au chauffage combiné de chaleur rayonnante et d'air tempéré. Nous pensons qu'on peut obtenir ce double résultat par un système de tuyaux en fonte, avec circulation d'eau chaude à basse pression, disposés directement sous le plancher de la salle. Leur parcours en serpentin serait couvert par des plaques de fonte, permettant à ces tuyaux, tout en échauffant le parquet, de rayonner directement dans la salle.

L'air pur, entrant par le sous-sol, ne pouvant pénétrer dans la salle sans avoir passé autour des tuyaux de chauffe, recevrait par ce moyen la température voulue. Une cheminée ou gaîne d'appel, disposée dans toute la longueur du faîtage de la lanterne et fonctionnant au moyen d'un cordon de becs de gaz, formerait appel pour l'évacuation de l'air vicié. Chaque groupe de baraques aurait son appareil complet et indépendant, système préférable, croyons-nous, à une chaudière centrale pour tout l'hôpital. Il est inutile d'observer que cette installation ne pourra s'appliquer qu'aux hôpitaux permanents.

§ 2. — *Baraques temporaires.*

Dans les baraques temporaires, un foyer de chaleur, placé dans le sous-sol, à l'une des extrémités de la baraque, envoie son ou ses tuyaux de fumée en tôle serpenter sous le plancher de la salle. Il chauffe par rayonnement le parquet et en même temps sur tout son parcours l'air du sous-sol qui entre dans la salle par des trappes-bouches de chaleur, situées au pied des longs côtés. Après avoir traversé la salle, cet air est aspiré par un tuyau d'appel faisant enveloppe à la partie verticale du tuyau de fumée. Un petit foyer, disposé dans le bas de ce double tuyau, sert à commencer l'appel pour la fumée du calorifère et à ventiler la salle sans qu'on ait besoin de la chauffer.

Dans ces systèmes de chauffage, aussi bien pour l'hôpital temporaire que permanent, le plancher de la salle doit être simple, c'est-à-dire composé uniquement d'un parquet ou dallage posé sur le solivage sans plafond, augets, hourdis, etc.

§ 3. — *Température des salles et cube d'air.*

Il resterait maintenant deux points à examiner, relativement à la ventilation d'été et à la ventilation d'hiver : 1° le degré de température à obtenir par le chauffage ; 2° le cube d'air à fournir par lit et par heure. Sur le premier point, mentionnons qu'on demande généralement dans les hôpitaux français une température constante de 14° à 16°, qui, sans inconvénient, peut descendre jusqu'à 12 et même à 10°, mais qui ne devrait pas s'élever au-dessus de 16°. Dans les hôpitaux allemands, on exige une température plus élevée, jusqu'à 18° et même 20°, ce qui s'explique facilement par l'habitude d'appartements chauffés à un degré plus élevé qu'en France. Enfin dans les hôpitaux anglais, selon les rapports officiels, la température demandée serait généralement encore plus basse qu'en France, fait qui nous paraît également tenir à des habitudes nationales.

Quant au cube d'air que doit fournir la ventilation par lit et par heure, le chiffre n'en est point encore fixé, ni théoriquement ni pratiquement. Il y a environ un siècle, on a cru devoir le baser sur la quantité d'air respiré par un homme en 24 heures, mais depuis on l'a continuellement augmenté. Quand nous voyons qu'aujourd'hui à l'hôpital Lariboissière on demande 60 m. cubes par heure et par lit, et que les appareils peuvent donner un maximum de 90 m. cubes ; que dans les deux pavillons de chirurgie construits récemment à l'hôpital municipal de Friedrichshain, à Berlin, on demande réglementairement $72^m,50$ cubes par heure et par lit, et que les appareils peuvent donner jusqu'à 200 m. cubes, quantité constatée par des mensurations anémométriques, que d'ailleurs rien ne semble fixer théoriquement ou expérimentalement un de ces chiffres, nous croyons qu'il y a toutes les raisons pour l'augmenter jusqu'aux limites du possible. En effet, il ne s'agit plus aujourd'hui d'amener seulement de l'air pur pour la respiration, mais de changer l'air le plus possible, enfin d'emporter les sporules contagieuses et les gaz délétères : la limite du possible est la seule où l'on doive s'arrêter. Cette limite est en premier lieu celle qui est imposée par la vitesse maximum de $0^m,50$ par seconde que l'air en mouvement d'injection ou d'évacuation ne doit pas dépasser dans les parties occupées par les malades, parce qu'elle deviendrait courant d'air. Elle est ensuite déterminée par la somme des sections possibles et praticables des canaux, gaînes, cheminées, etc., servant à la canalisation de l'air. Elle est limitée également par la surface possible et praticable des trappes de ventilation ; enfin par la force d'impulsion qu'on peut donner à l'air, soit en injection, soit en évacuation.

Cependant, si l'on veut fixer approximativement le cube

d'air que peut fournir l'aération naturelle d'une baraque bien construite, nous prenons, par exemple, la baraque de 30 malades ou de 20 blessés, dont la salle cube 2,000 mètres; supposons qu'elle laisse entrer et sortir par toutes ses baies ouvertes l'air extérieur avec une vitesse de $0^m,50$ par seconde, et que par ce procédé primitif l'air de toutes les parties de la salle soit successivement remplacé. Les surfaces d'entrée ou de sortie (portes-fenêtres et châssis de la lanterne), tels que nous les proposons, étant de $10(3.50 \times 1.00) + 10(1.30 \times 0.75) = 45^{m.\,car.}$, nous trouvons que le cube d'air de cette baraque peut se renouveler entièrement par la ventilation naturelle, avec la vitesse de $0^m,50$ par seconde aux ouvertures, dans l'espace de $\frac{2000}{45 \times 0.50} = 88\cdot80$, soit 1 minute 1/2, ce qui équivaut à 40 fois le renouvellement de l'air de la salle par heure, soit 4,000 mètres cubes par heure et par blessé ou 2,700 m. cubes par heure et par malade. Inutile de répéter que ces chiffres n'indiquent point la quantité d'air *réellement* remplacée, que les vrais chiffres ne pourraient être positivement déterminés que dans des cas donnés, par des expériences anémométriques, ou au moins calculés approximativement par l'application de formules compliquées de l'aérodynamique. Mais comme éléments d'appréciation, nous croyons que ces chiffres peuvent servir en ce sens qu'ils nous aident à juger, d'un côté, les dimensions des conduits, bouches, etc., de l'autre côté, la vitesse d'impulsion ou d'évacuation de l'air.

Il est dans les données de la construction que nous décrivons, que l'interstice entre les deux cloisons extérieures et intérieures de la salle ne doit guère dépasser $0^m,22$; or, cet interstice nous servant de canalisation d'air et ne pouvant avoir sur toute la longueur de la salle que $2 \times (10 \times 1.50 \times 0.22) = 6^{m.\,car.}\,60$ de section, on ne doit pas donner aux trappes plus de $6^{m.\,car.}\,60$ de surface, ce qui donne la possibilité d'une introduction d'air à $0^m,50$ de vitesse de $3^m,30$ par seconde, soit 200 m. cubes par minute ou 6 fois le renouvellement de l'air de la salle par heure, soit 600 m. cubes par blessé, ou 400 m. cubes par malade et par heure. Les sections d'évacuation de la lanterne étant supérieures à celles d'introduction par les trappes basses, et pouvant

être réglées par le tirage, il ne resterait, pour que ce chiffre
de 600 m. cubes devienne réel, qu'à trouver la vitesse d'impulsion de l'air pur ou d'extraction de l'air vicié. Or, c'est cette
force d'extraction que nous pouvons obtenir facilement par le
système suivant de cheminées d'appel :

Nous plaçons sur toute la longueur du faîtage de la lanterne,
ou à son pied, une gaîne verticale en tôle, élargie à sa base
sous forme d'entonnoir et traversée dans toute sa longueur par
un tuyau à gaz, dont les nombreuses flammes formant cordon
produiraient l'appel nécessaire.

La force de cet appel étant déterminée : 1° par la hauteur de
la gaîne ou cheminée d'appel ; 2° par l'échauffement de l'air au
moyen du gaz ; 3° par la largeur de la gaîne sur une longueur
de 30 mètres, il est évident que nous avons ainsi largement le
moyen d'obtenir l'évacuation du maximum de l'air introduit.
Inutile d'insister sur la facilité avec laquelle pourra être réglée
la force d'évacuation, soit en diminuant le gaz, soit en ouvrant
plus ou moins la gaîne au moyen d'un registre.

XIII.

DÉSINFECTION, LAVAGES.

Nous devons considérer maintenant les désinfections générales et l'assainissement, c'est-à-dire l'*anéantissement des foyers
particuliers d'infection ; dépôts d'ordures, de linge sale, closets et fosses.*
Nous ne parlerons point des foyers d'infection éloignés des
baraques faisant partie des services généraux, tels que salle
des morts, etc. Si bien que soit aérée une baraque, elle doit être
mise hors de service à certaines époques ; on doit y faire en
même temps de nombreux lavages désinfectants. Il est alors
important que ces lavages s'exécutent avec la plus grande fa-

cilité, c'est-à-dire au moyen d'une pompe lançant l'eau phéniquée, les solutions de sulfate de fer, etc.; il faut que les liquides
puissent atteindre, autant que possible, toutes les parties de
la construction, surtout les gaînes de ventilation et interstices
des doubles cloisonnements, que ces parties soient inondées
sans que les liquides y séjournent ou croupissent, mais sèchent
vite; enfin que toutes les parties, notamment les revêtements
intérieurs de la salle, ne souffrent point de l'action chimique
des désinfectants. Quant aux foyers d'infection particuliers at-
tachés forcément à la baraque, il est de première nécessité de
les isoler autant que possible de la salle, puis il faut anéantir
l'influence pernicieuse des matières infectantes elles-mêmes.

Deux systèmes sont employés, soit séparément, soit combinés:
d'une part la *désinfection chimique des matières*, d'autre part *leur
isolement mécanique, hermétique*. Les précautions à prendre pour
les dépôts des linges sales, des balayures et détritus, de pansement consistent principalement à les exposer autant que
possible aux courants d'air dans des réduits à claire-voie. Ce qu'il
y a de mieux à faire quand les circonstances s'y prêtent, c'est
d'enlever les balayures par le moyen des égouts et d'immerger
les linges sales et de pansement dans l'eau courante.

A défaut de cet avantage, les *linges de pansement* seront divisés en deux catégories : ceux qui ne resserviront plus, et ceux
qui doivent être nettoyés pour servir de nouveau. Les uns et
les autres doivent être enlevés le plus promptement possible
de la salle : les premiers, mis dans un seau ou récipient fermé hermétiquement, doivent être emportés et détruits, [un
four spécial était destiné à cet usage dans l'ambulance de
Tempelhof à Berlin], les autres sont jetés dans le dépôt. Il est
essentiel de placer ces dépôts de telle sorte, que tout en étant
isolés de la salle, ils n'en soient pas éloignés ; car les infirmiers
pourraient jeter ailleurs, par négligence, les linges et les balayures. Ces précautions sont surtout nécessaires aux hôpitaux
temporaires. Ces dépôts doivent donc être placés dans le sous-
sol et ils communiquent par une gaîne et une trappe avec le
plancher de la salle.

XIV.

CABINETS D'AISANCES.

L'installation des closets communs est peut-être une des questions d'hygiène qui ont été le plus étudiées, et cependant elle n'a pas donné encore des résultats bien satisfaisants. C'est qu'en effet la première condition d'une installation hygiénique est la propreté, et cette propreté est souvent bien difficile à obtenir dans les hôpitaux surtout temporaires. Le meilleur moyen qui se soit encore présenté sous ce rapport à l'esprit des architectes, c'est d'établir des cabinets spacieux, bien éclairés, bien aérés et munis jusqu'à hauteur d'homme de revêtements faciles à nettoyer, présentant toujours un aspect de propreté excessive, tels que carreaux de faïence, porcelaines, toiles cirées, etc. Il est absolument urgent ensuite d'établir dans chaque cabinet même, et non pas en face, une *cuvette-urinoir* qui pourra être située dans le voisinage du siége de telle façon qu'un homme placé devant l'urinoir empêche un autre d'uriner en même temps dans la lunette. Grâce à cette disposition, un seul malade pourra occuper à la fois un cabinet, et comme il sera plus commode de se servir de l'urinoir que d'uriner dans la lunette, le siége sera épargné. C'est une chance de propreté à ménager.

Quant à la valeur, au point de vue hygiénique, des divers moyens préconisés pour la désinfection des fosses d'aisances, nous allons nous occuper d'abord des systèmes basés sur les procédés chimiques ou désinfectants. Dans le système Suvern, qui aujourd'hui a pris en Allemagne une certaine importance, les matières tombent dans un récipient d'eau phéniquée qui détruit si instantanément leurs propriétés infectantes que dans plusieurs hôpitaux (à Leipzig et à Dresde), nous avons vu les latrines placées dans les salles elles-mêmes. Cependant, en visitant plusieurs fois ces salles, nous n'avons jamais remarqué qu'une légère odeur de phénol qui ne peut avoir aucune influence malsaine sur les malades. L'avantage de ce système, qui permet de réserver l'engrais pour l'agriculture, ne nous paraît pas compenser les dépenses qu'entraînent une canalisation et des bains de clairage très-importants. Quant à sa valeur hygiénique, nous ne la contestons pas en elle-même, mais tel que nous avons vu fonctionner ce système, nous lui reprochons d'exiger une régularité de service sur laquelle on ne peut pas compter absolument.

Les *closets-terre* reposent sur le principe d'empêcher la fermentation des déjections par l'absorption des gaz et des liquides dans une matière poreuse, et leur mécanisme ressemble aux water-closets.

Leur action paraît être aussi complète et aussi instantanée que celle du système précédent, à en juger par l'absence d'odeur. Ils auraient partout l'avantage d'une grande facilité d'établissement et d'une grande économie, mais ils partagent à notre avis avec le système précédent l'inconvénient d'exiger une régularité dans le service qui nous paraît bien difficile à obtenir. De plus, nous leur reprochons un inconvénient très-grave et qui nous les fera rejeter : c'est de ne point détruire ni enlever les végétations microscopiques contagieuses, à moins de faire une nouvelle désinfection chimique spéciale. Bien que leur succès à l'ambulance de la Grande Gerbe à Saint-Cloud ait été assuré par un service très-actif, nous les regardons néanmoins comme très-pernicieux dans un hôpital permanent.

Les mêmes observations s'appliquent à tous les autres systèmes basés sur le même principe : système Goux, etc. Dans les baraques temporaires, les closets-terre pourraient cependant convenir à cause de la facilité que l'on a de trouver partout de la terre pour les alimenter, sans recourir à l'eau que l'on n'a pas toujours sur les lieux en quantité convenable. Le seul avantage des systèmes désinfectants employés pour les latrines, consiste à pouvoir mettre à la portée des malades un local qui leur est indispensable, et à ne pas les mettre dans l'obligation de subir fréquemment de brusques changements de température en traversant des espaces non chauffés.

Nous préférons à tous ces systèmes, basés sur des actions chimiques, le système purement mécanique de l'enlèvement des matières non désinfectées. Ce système, dont l'expression pratique la plus complète est le water-closet, a permis par son emploi si général d'apprécier· les garanties qu'il offre par son fonctionnement presque automatique. Dans son emploi le plus parfait, c'est-à-dire quand on a une quantité d'eau suffisante à disposition, les matières sont enlevées immédiatement par un fort courant d'eau, traversant continuellement le tuyau de chute, greffé sur la canalisation ou l'égout. Dans le cas contraire, les matières sont divisées, les liquides rejetés dans l'égout et les solides retenus dans des tinettes hermétiquement fermées et enlevées périodiquement par un service de vidange. De quelque façon que ce soit, l'établissement d'un hôpital bien installé exige une telle quantité d'eau que cette considération doit influer tout particulièrement sur le choix de son emplacement, et c'est pour cette raison que nous n'admettons pas, au moins pour l'hôpital permanent, qu'on oppose au système des water-closets et du lavage d'égout à grande eau (Schwemm-system), l'objection du manque d'eau. Quant aux systèmes quelconques de fosses fixes, nous croyons inutile de nous en occuper. Peut-être que, pour les établissements temporaires, avec leur caractère mobile, le système des closets-terre serait à recommander à cause de son emploi facile; mais il faudrait certainement qu'il fût combiné avec des désinfections énergiques des fosses et que le service en fût garanti par une surveillance sévère.

XV.

CONSTRUCTION : CHOIX DES MATÉRIAUX.

Ayant étudié la baraque permanente et la baraque temporaire, dans leurs dispositions générales et particulières, telles
qu'elles résultent de l'application des principes hygiéniques,
nous avons maintenant à indiquer la manière de les construire
et à préciser le choix des matériaux qui doivent être employés.
Répétons brièvement les principes généraux qui doivent nous
guider dans cette étude : 1° éviter toute forme ou combinaison,
par laquelle des quantités d'air, quel que soit leur volume, seraient enfermées, sans pouvoir être renouvelées largement ;
2° éviter également les angles rentrants, peu accessibles aux
courants d'air produits naturellement ou par la ventilation ;
3° éviter les couches d'air enfermées sans issues dans des cloisons creuses, derrière des tentures, les planchers creux avec
lambourdes et augets, les interstices entre les pièces de charpente, tant que ces vides ne pourront être ventilés ; 4° faire
en sorte qu'il n'y ait ni parties visibles, ni parties cachées
pouvant servir de réceptacle à la poussière et qui ne soient
accessibles au moins aux jets d'eau phéniquée lancés par la
pompe aux grands lavages ; 5° exclure soigneusement les matières poreuses, perméables à l'humidité, spongieuses, gre-
nues, comme éminemment propres à la résorption des miasmes;
6° employer, pour toutes les surfaces visibles ou non visibles,
des substances compactes, imperméables ; 7° éviter autant
que possible les massifs en maçonnerie regardés comme amas
de matières poreuses et préférer aux murs épais, utiles contre
les rigueurs du climat, les doubles cloisonnements à matelas
d'air, mais dont les interstices sont accessibles aux grands lavages ; 8° employer une charpente métallique et telles disposi-

tions des remplissages, s'ils sont maçonnés, qu'ils puissent sans difficulté être renouvelés périodiquement, comme nous l'avons dit plus haut.

Telles sont les précautions indispensables pour les constructions de l'hôpital permanent ; elles deviennent il est vrai moins impérieuses, et du reste seraient impossibles à réaliser entièrement, quand il s'agit de baraques temporaires. Mais les chances d'infection, dans ce cas, deviennent moindres avec un service d'une durée très-restreinte.

Dans l'hôpital temporaire, la matière à employer pour la construction ne peut être que du bois et spécialement du bois de sapin. Ce n'est pas que nous reconnaissions à cette matière les conditions hygiéniques désirables. Sa porosité, sa susceptibilité hygrométrique, sa surface plus ou moins grenue présentent beaucoup d'inconvénients ; cependant, dans l'état de productions de l'industrie, nous ne connaissons pas de matières pouvant le remplacer, en tant que matière ouvrable. Une partie des inconvénients de la porosité du bois peut être combattue par l'imprégnation à la créosote, opération employée depuis des années avec succès pour la conservation des traverses de chemin de fer, et nous croyons que cette imprégnation du sapin par une matière éminemment antiseptique, augmenterait beaucoup sa valeur hygiénique. De plus les différentes pièces des baraques temporaires, démontées, désinfectées, emmagasinées sous de vastes abris en plein air pendant le temps où elles ne sont pas en service, par ce seul fait subiraient une aération naturelle, puissante, qui ferait disparaître les germes malsains qui auraient pu s'y attacher. Enfin nous répéterons que toutes pièces faisant partie de la baraque temporaire doivent être combinées par rapport à leur poids, leurs dimensions et leurs assemblages, de telle sorte qu'elles puissent subir sans se détériorer plusieurs montages et démontages, et qu'elles se prêtent avec facilité aux transports.

Entrant maintenant dans le détail de la construction de la baraque, nous étudions parallèlement les diverses parties de la baraque permanente et de la baraque temporaire.

§ 1. — *Sous-sol : aire.*

Dans la baraque permanente, l'aire du sous-sol devant être balayée et lavée autant que le parquet de la salle, il est nécessaire que ce sol soit couvert de bitume et établi en pente afin de réunir les eaux de lavage et les conduire à l'égout.

Dans la baraque temporaire il suffira, pour maintenir la propreté voulue, de battre la terre ou de faire une aire quelconque, produisant une surface solide aussi lisse que possible.

§ 2. — *Pourtour, fondations.*

Les montants de ferme de la charpente en fer formant l'*ossature* de la baraque permanente descendront au sous-sol, pour se poser au niveau de l'aire sur leurs fondations. Ils seront reliés au pourtour, ainsi que ceux des galeries dans la hauteur entre le socle et la semelle du rez-de-chaussée par un grillage en fil de fer à larges mailles. Au pourtour du sous-sol se trouve une suite de volets ferrés horizontalement, se relevant à l'extérieur et dont quelques-uns sont vitrés. Ces volets, ouverts complétement, tant que le chauffage ne fonctionnera pas, se rabattent l'hiver, enfermant dans l'épaisseur du tableau une épaisseur de paille maintenue par le grillage intérieur, laquelle ferme hermétiquement le sous-sol par une enveloppe non conductrice et le transforme en Hypocausis. La température y étant à peine plus élevée que dans la salle et la lumière passant à travers les châssis vitrés, les services de nettoyage et de chauffage se feront sans peine.

Les montants en bois des fermes de la charpente de la baraque temporaire descendront également jusqu'à l'aire et poseront sur une semelle basse formant cadre pour maintenir l'aire. Le vide étant moins haut que dans la baraque permanente, un seul volet sur toute la largeur de la travée fermera le sous-sol, pour le transformer en chambre de chauffe.

§ 3. — *Plancher, solivage.*

L'inconvénient qu'offre la construction ordinaire des planchers, à cause des nombreux vides laissés entre les hourdis, les solives, les lambourdes et le parquet, nous a conduit à adopter un autre principe de construction. Une charpente en fer soutiendra l'ensemble du plancher. Les solives, quel que soit leur espacement, devront être prises assez fortes, pour qu'aucune vibration, très-nuisible aux malades, et surtout aux blessés, ne puisse se produire. A moins que le mode de dallage ou de parquetage de la salle ne l'exige impérieusement, le plancher ne doit pas être hourdé; mais si c'est inévitable, des entrevous en brique pleine seront préférables à tout autre hourdis. Les reins de ces petites voûtes seront coulés parfaitement pleins, en plâtre ou béton, afin d'éviter les vides inaccessibles à l'air courant.

Dans la baraque temporaire, le solivage en sapin imprégné de créosote sera bien dressé au-dessus pour recevoir directement le parquet. Les abouts des solives poseront sur un cours de semelles, assemblé sans entaille contre la face intérieure des poteaux de ferme, afin de laisser un vide de $0^m,22$, communiquant du sous-sol à l'interstice du double cloisonnage des murs verticaux; le même arrangement aura lieu également pour la baraque permanente.

§ 4. — *Parquet, dallage.*

L'aire de la salle doit présenter une surface insonore, dure, polie, unie, sans joints ni gerçures, se lavant facilement, séchant vite, ne produisant point de poussière. On a l'habitude d'employer le parquet en chêne ou en sapin ciré. Avant d'employer ces matériaux, nous donnerons la préférence aux dallages en mosaïque de marbre, au bitume, au ciment Portland, t ne présentant pas de joints, aux grandes dalles en ardoise, e -

à tous les dallages et carrelages, en matière non poreuse, à surface lisse ; à vrai dire aucun de ces dallages n'est sans inconvénients, qu'il serait trop long d'énumérer ici, mais nous les regardons tous comme préférables au parquet de bois. Peut-être donnerions-nous la préférence aux grandes dalles en ardoise, dures, lisses, polies, insonores, mauvais conducteur de calorique, permettant des joints très-fins et pouvant se poser et se fixer directement sur des solives en fer sans aucune forme en béton ni hourdis du plancher.

Pour les baraques temporaires, un parquet en sapin imprégné, assemblé par planches le plus larges possible, et posé directement sur les solives, répondra seul au caractère de mobilité qu'exige cette construction. Ses frises seront replanies, blanchies et peintes à l'huile sur toutes les faces.

§ 5. — *Murs, charpente.*

La charpente générale formant le squelette du pavillon sera en fer et divisée par des fermes en travées de 3 mètres, c'est-à-dire de croisée en croisée, d'un lit à l'autre. Cette matière a tous les avantages désirables; absolument impropre à s'infecter, elle ne subit aucune influence hygrométrique et donne par sa ténuité des facilités d'assemblage particuliers dont nous aurons besoin, et qu'on ne trouverait nulle part ailleurs. Sa plus-value, par rapport au bois, qui seul pouvait entrer en lutte, n'est aucunement en proportion avec ses grands avantages. Chaque travée aura vis-à-vis ses deux ouvertures de porte-fenêtre accolées directement au montant de ferme. De cette façon, n'ayant aucun montant dans l'interstice du trumeau, celui-ci ne formera qu'une seule gaîne, communiquant du sous-sol au double plafond. Il est inutile de dire que les pannes, semelles, etc., reliant longitudinalement les fermes et donnant appui aux solives, etc., doivent être disposées de façon à n'entraver nullement la circulation d'air dans les entrecloisonnements ni arrêter l'écoulement des eaux de lavage. Tous ces fers seront imprimés soigneusement au minium.

La charpente de la baraque temporaire, qui ne sera faite qu'en sapin imprégné de créosote, n'exige pas ces soins minutieux. Pourvu que les semelles et pannes soient disposées de manière à laisser communiquer avec le sous-sol les interstices des trumeaux, aucun assemblage spécial ne sera nécessaire. Cependant il ne faudra pas négliger les combinaisons particulières nécessaires pour faciliter le montage et le démontage de la baraque.

§ 6. — Revêtements, remplissages.

Nous touchons ici à un point très-difficile de la question que nous traitons, car nous ne pouvons pas dire que nous ayons rencontré une matière absolument propre aux revêtements ou cloisonnages de la charpente, pour faire les murs. Au point de vue hygiénique, nous aurions préféré pour les deux cloisons la tôle, mais nous craignons tellement sa sonorité malgré toutes les précautions qu'on pourrait prendre, que nous n'oserions la proposer positivement, sans avoir pu nous rendre compte, par une expérience, de ce que nos craintes pourraient avoir d'exagéré. C'est pour la même raison que nous hésitons à la proposer même seulement pour le revêtement extérieur, convaincu cependant que le revêtement intérieur en toile encollée et peinte amortira presque entièrement la sonorité. Quoi qu'il en soit, il est évident que par ce moyen on pourrait définitivement renoncer à l'emploi de toutes les matières poreuses, auxquelles sans cela nous sommes forcé d'avoir recours.

Nous craignons moins les inconvénients de la conductibilité calorique de la tôle; ceux-ci, croyons-nous, seraient, peut-être, facilement évités au moyen du matelas d'air chaud ou frais, qu'elle envelopperait. Malgré notre répugnance, nous sommes donc forcé de recourir encore aux remplissages en cloison de brique, carreaux de plâtre, galandages, etc., pour former les murs de la baraque. Si par ces moyens nous avons des cloisons insonores, peu conductrices et supportant plus ou moins les grands lavages, d'un autre côté il ne faut pas se dissimuler que nous retrouvons les inconvénients des matières proscrites comme poreuses.

Cependant, grâce à nos charpentes en fer résistant à toute infection, grâce à leurs combinaisons spéciales, on peut sans grands frais, au premier symptôme d'infection, démolir complétement ces panneaux de cloison et les refaire avec des matériaux entièrement neufs et sans toucher à aucune des autres parties de l'édifice. Il est donc nécessaire qu'en principe ces cloisons ne puissent jamais prendre l'importance de véritables murs. De cette façon on aurait toutes les parties essentielles et coûteuses de la construction, non sujettes à l'infection, stables, permanentes, définitives, et les parties peu coûteuses mais sujettes à l'infection seulement temporaires renouvelables au bout d'un certain laps de temps.

Les deux parois de ces cloisons seraient recouvertes d'un enduit lisse et imperméable à l'eau peint à l'huile. Du côté de la salle, une cloison formant lambris de même nature monterait jusqu'à hauteur d'homme, laissant entre elle et le mur extérieur un intervalle d'au moins 25 centimètres pour permettre à l'air de circuler librement. Au-dessus de ce lambris, et montant jusqu'au toit, on établirait une tenture de toile forte encollée des deux côtés et peinte à l'huile par-dessus l'encollage. Cette toile serait également distante du mur de $0^m,25$; on obtiendrait ainsi par ces matelas d'air isolants et peu conducteurs de la chaleur une protection suffisante contre les excès de température. Cette sorte de matelas d'air pourrait être continué, au moyen de doubles fenêtres, à l'endroit des ouvertures dans les pays où les hivers longs et rigoureux font prendre cette précaution même dans les habitations particulières. Le vide entre les deux cloisons communiquerait avec le sous-sol et avec les intervalles semblables ménagés entre le toit et le plafond. Une partie de l'air chaud du sous-sol monterait ainsi autour de la salle et jusqu'au pied de la lanterne, balayant la cloison et le lambris et chauffant les parois de la salle. Pendant l'été au contraire, un courant d'air plus frais pris sous la baraque circulerait dans cet interstice par la dif-

férence du degré d'échauffement du toit et des murs de la baraque. Les murs de séparation des différentes pièces de la baraque seraient disposés de la même façon que les murs de
pourtour.

Dans la baraque temporaire les murs seront formés par un
revêtement extérieur de planches injectées de créosote appliquées sur la grosse charpente, soit dans leur position hori-
zontale, soit dans la position verticale, et assemblées à rainures
et fausses languettes. Sur la paroi intérieure de ce revêtement
et entre les montants on tendra une toile de tapisserie ordinaire recouverte d'un papier gris collé par-dessus, afin d'empêcher les courants d'air, qui se produiraient immanquable-
ment par l'ouverture de joints et de fissures qu'il est impossible
d'empêcher quand on emploie le sapin.

Pour l'hiver, un lambris en planches sera appliqué sur la
face intérieure des poteaux et huisseries jusqu'à la hauteur
de 1^m,75 environ. A partir de cette hauteur, une forte toile
d'emballage, tendue sur la face intérieure des poteaux et huisseries, sera recouverte d'un papier vernis formant tenture. Il
sera facile, en arrêtant le parquet juste à la face intérieure
des poteaux, en faisant descendre le lambris jusqu'au parquet, et le revêtement extérieur jusque sur la semelle basse,
de mettre en communication l'interstice des cloisons avec le
sous-sol de la baraque servant de chambre de chauffe. On en-
veloppera ainsi toute la salle d'un matelas d'air chaud.

De tous les systèmes employés dans les ambulances allemandes pendant l'hiver de 1870-71, pour convertir des baraques
d'été en baraques d'hiver, le système de calfeutrement avec
double paroi en papier a donné les meilleurs résultats, quoi-
que l'insterstice ne reçût pas d'air chauffé. Les mêmes observations ont été faites à Saint-Pétersbourg.

Nous ne pensons pas que les grands lavages désinfectants
soient applicables à la baraque temporaire, autrement que lors
de son démontage; c'est-à-dire lorsque les revêtements calfeu-
trants sont forcément sacrifiés. Si cependant une désinfection
devenait nécessaire pendant le temps où la baraque est employée,
nous sommes d'avis qu'il faudrait toujours commencer par sa-

crifier complétement ces revêtements en papier, comme particulièrement infectés et alors les aspersions de toutes les parties de la baraque et l'écoulement des eaux, se feraient sans
difficulté.

§ 7. — *Fenêtres.*

Les fenêtres qui doivent servir comme moyen d'aération
pendant l'été, doivent toujours avoir une surface plus considérable que celle qui serait nécessaire seulement à l'éclairage.
Dans les baraques bien éclairées et bien aérées nous les avons
trouvées (y compris celles de la lanterne) d'au moins $0^{m.\,car}02$
de surface par mètre cube de capacité. Toutes celles de la salle
doivent être construites en portes-fenêtres, autant pour donner
accès sur les galeries latérales, que pour balayer le parquet
par les courants d'air. Le vitrage doit descendre assez bas pour
que les malades étant couchés puissent voir dehors. Quand les
portes-fenêtres sont ouvertes, la tête du malade est abritée
par les vantaux formant paravent de chaque côté du lit. La
première porte-fenêtre à chaque extrémité de la salle sera
accolée au fond de la salle, afin de pouvoir projeter l'air sur
toute la paroi le long de laquelle elle est située.

Toutes les menuiseries de ces portes-fenêtres seront en fer,
les parties pleines en tôle; on aura soin, vu leur hauteur, de
rendre leur manœuvre très-facile et sans bruit.

Les portes de communication intérieures pour les services
ordinaires se fermeront d'elles-mêmes et sans bruit, afin
qu'une personne, embarrassée de ses mains, puisse y passer
sans qu'elles restent ouvertes. Les galeries latérales proté-
geant les baies contre les rayons directs du soleil, on peut se
contenter de simples fenêtres, et les volets, les persiennes ou
les jalousies deviennent superflus. Si cependant ceux-ci étaient
jugés nécessaires pour garantir, même contre la lumière
réfléchie, nous recommanderions l'emploi des stores chinois
appliqués extérieurement, sous les galeries. Du reste, on doit
faire en sorte de ne pas priver volontairement les salles de la

lumière du jour, vu que l'obscurité aide aux développement des végétations miasmatiques.

Pour la baraque temporaire la fenêtre avec son dormant sera en bois de chêne, afin d'être moins exposée à se déjeter et par suite à clore mal. Elle formerait, assemblée avec ses huisseries et ses persiennes en sapin, un ensemble qui ne serait pas démonté en détail, mais qu'on poserait tel quel dans la cloison. La baraque temporaire étant privée de galerie, doit avoir des persiennes, que nous préférons aux jalousies comme étant d'une manœuvre plus sûre, moins sujettes à se déranger, par suite des montages et des démontages.

§ 8. — *Trappes de ventilation.*

Il y a deux conditions essentielles pour que les trappes de ventilation servent utilement, ce sont la facilité et la simplicité de leur manœuvre, et leur fonctionnement simultané sur toute la longueur de la salle. On obtiendra ce double résultat dans la baraque permanente par un système de lames de persiennes verticales reliées par des tringles de transmission se mouvant par un seul tirage opéré à un bout de la salle. Pour les ouvertures de la lanterne (système nº 1), ces lames seront en verre et occuperont tout l'espace vide entre les montants de la charpente. Pour les deux autres systèmes de trappes, les lames seront en fonte, très-légères, fermant exactement. La lanterne (nº 1) et les trappes hautes (nº 2) auront la transmission courant devant la cloison, mais pour les trappes basses (nº 3) la transmission pourra se faire sous le parquet, pour ne point gêner l'ouverture des portes-fenêtres. Réglés et ajustés très-exactement, ces registres permettront une ouverture plus ou moins complète et agiront avec le degré d'efficacité voulu sur toute la longueur de la salle à la fois. L'air entrera tamisé à travers une toile métallique appliquée sur l'ouverture des trappes. Les systèmes nº 2 et nº 3 seront doublés d'un second système de trappes, en forme de volets, dans l'interstice des cloisons, destiné à donner toutes les combinaisons voulues de communications de la salle par les gaînes au sous-sol, au double plafond, au dehors. Elles permettront :

1° De faire entrer l'air du dehors, par les trappes n° 2 et n° 3, dans la salle ;

2° De faire entrer l'air du sous-sol, par les trappes n° 2 et n° 3, dans la salle ;

3° De faire entrer l'air du sous-sol dans la salle et dans l'interstice ;

4° De faire entrer l'air du dehors dans l'interstice ;

5° De faire entrer l'air du dehors par les trappes n° 2 et l'air du sous-sol par les trappes n° 3, etc.

Les ouvertures des deux systèmes n° 2 et n° 3 donneront accès à la lance pour asperger les interstices des cloisons à l'occasion des grands lavages désinfectants. Dans les baraques temporaires les trappes se composeront de volets en bois glissant dans les coulisses, et mues également par un tirage horizontal. Celles qui sont pratiquées dans la lanterne seront fermées par des châssis vitrés roulant horizontalement. Afin de faciliter leur manœuvre, ces châssis seront rendus solidaires les uns des autres et démasqueront en même temps toutes les ouvertures de la lanterne, au moyen d'un tirage horizontal, dont la manœuvre s'exécutera au rez-de-chaussée. Ce système permet également de graduer l'ouverture des baies selon le besoin.

§ 9. — *Toiture.*

La charpente générale en fer doit supporter également le toit. Observons seulement qu'il est désirable que pannes et chevrons en fer soient placés dans un même plan et cela autant pour la couverture que pour le plafond rampant. Ces deux parois inclinées et parallèles entre elles exigent en effet pour chacune de leurs surfaces, supérieure et inférieure, un plan uni et lisse. Entre les deux parois, couverture et plafond, il y aura un vide de 0^m, 60 à 0^m, 80, communiquant à toutes les gaînes de trumeaux et aboutissant à la lanterne. Ce vide impérieusement exigé n'empêchera point de rendre solidaires, par un léger treillage, les arbalétriers du toit et du plafond, afin d'alléger la charpente; la même observation s'applique aux pannes, à condition de ne produire aucun arrêt horizontal saillant au-dessus du plafond et pouvant retenir les eaux des grands lavages.

Ce que nous avons dit par rapport aux revêtements des murs, nous le répétons ici pour la couverture et le plafond, c'est-à-dire que nous préférerions pour tous les deux la tôle, si ce n'était la crainte de la sonorité et aussi de la chaleur. Nous accordons donc pour le toit la préférence au chevronnage en fer, couvert en tuile, ardoise, etc., hourdé en plâtre, avec enduit lisse et peinture à l'huile; et pour le plafond à la forte toile avec encollage et peinture à l'huile, des deux côtés tendue aussi rigidement que possible sur les cadres en fer de la charpente du plafond rampant. Les surfaces d'enduit lisse peuvent faciliter la circulation de l'air sans arrêter les molécules qui y sont en suspension, et les grands lavages sans retenir l'eau à des arêtes horizontales. Des trappes disposées au pied de la lanterne permettront de mettre en liberté ou d'intercepter les masses d'air contenues dans cet interstice ; autrement les courants que produisent les différences de densité répondant aux différences de température des couches d'air, amèneraient trop vite son changement et produiraient une déperdition d'air chaud immense. L'air qui s'introduirait entre la double paroi du toit et des murs étant toujours plus frais que celui qui y est enfermé, il y aurait avantage à tenir constamment ces trappes ouvertes, pour laisser se produire tous les mouvements naturels qu'y amènerait un renouvellement d'air. Ces trappes fermées d'ordinaire pendant l'hiver ne seront ouvertes par exemple qu'une fois par jour, pour changer l'air contenu entre les cloisons. Leur manœuvre se fera pour chacune séparément au moyen d'un pont de service, longeant le pied de la lanterne, servant en même temps au nettoyage et à la réparation des persiennes verticales de la lanterne et à l'allumage du cordon de gaz de la gaîne d'évacuation. Le plafond de la lanterne passera en formant auvent jusqu'au bord des chéneaux de la lanterne, afin de se combi-

ner avec le plan incliné du toit aboutissant au pied de la lanterne, en une espèce d'entonnoir comprimant le vent et le
poussant à travers les persiennes (trappes n° 1).

Pour la baraque temporaire, la toiture se composera d'un
voligeage assemblé à fausses languettes, posé dans le sens de
la pente sur des cours de pannes distantes de 1 mètre. La
couverture sera en carton bitumé. Pour l'installation d'hiver, la toile d'emballage couverte de papier verni formant
cloison intérieure sera disposée en plafond rampant jusqu'à la
lanterne clouée sous les arbalétriers : l'air chaud circulant au-
dessous de la baraque, pourra communiquer par l'interstice du
mur vertical avec l'intervalle compris entre la couverture et le
plafond. Toutes ces toiles et ces papiers devront être à peu près
renouvelés à chaque nouveau montage des baraques. Cependant les anciennes toiles et papiers provenant des plafonds et
tentures intérieures pourront être utilisés de nouveau pour le
premier calfeutrement appliqué sur la paroi intérieure du revêtement en planches.

CONCLUSIONS.

En terminant cette esquisse rapide des deux types de *baraques, temporaire et permanente,* tel que nous les concevons d'après
l'état actuel de l'hygiène des constructions hospitalières, nous
avouerons que nous sommes loin d'avoir donné des modèles
parfaits et nullement exposés à quelques critiques. Il est évident tout d'abord que, suivant les cas, les conditions seront
différentes, et dans un hôpital donné, l'architecte devra tenir
compte de certains points, tels que : situation topographique
et climatérique (1), orientation, direction des vents, voisinage,

(1) Appelé en 1871 à Alger par l'amiral comte de Gueydon, gouverneur général de
l'Algérie, pour examiner la question de la construction de l'hôpital civil de Mustapha,
nous avons présenté un type de baraque quelque peu différent de ceux que nous venons
de décrire, et dont les différences étaient précisément motivées par les conditions climatériques, topographiques, l'orientation et la direction des brises de la mer. Des
déviations, diamétralement opposées, nous étaient également imposées pour une construction destinée au climat plus rude de la Suisse.   F. J.

étendue et mouvement du terrain; ensuite habitudes locales, administratives et financières. A ce dernier point de vue, il est évident qu'il arrivera souvent que par raison d'économie on préférera certains types de baraques qui tiennent le milieu entre les baraques permanentes et les baraques temporaires, telles que nous les avons décrites.

Mais nous aurons atteint le but principal que nous nous sommes proposé dans cette exposition, si nous avons convaincu nos lecteurs de la nécessité et de la possibilité d'appliquer à la construction des hôpitaux, sans frais considérables, les principales règles d'hygiène admises et reconnues indispensables par la majorité des praticiens.

Après avoir ainsi étudié et apprécié les véritables progrès qui, dans ce sens, ont été faits en Allemagne et en Amérique, il nous sera peut-être permis, en terminant ce modeste travail, d'exprimer l'espoir que la France, se saisissant de son côté de la réforme hospitalière, tienne à achever et à porter à ce degré de perfection qui caractérise ses œuvres, ce que d'autres ont commencé à réaliser avec tant de succès.

FIN.

TABLE DES MATIÈRES

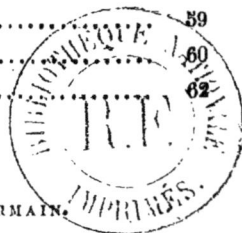

IMPRIMERIE L. TOINON ET Cᵉ, A SAINT-GERMAIN.